裂谷长河
悠悠中华

忻迎一 ◎ 著

哈尔滨出版社

图书在版编目（CIP）数据

裂谷长河　悠悠中华 / 忻迎一著 . — 哈尔滨：哈尔滨出版社，2023.1
ISBN 978-7-5484-6643-7

Ⅰ．①裂… Ⅱ．①忻… Ⅲ．①中华文化－通俗读物 Ⅳ．① K203-49

中国版本图书馆 CIP 数据核字（2022）第 151947 号

书　名：裂谷长河　悠悠中华
LIEGU CHANGHE YOUYOU ZHONGHUA

作　　者：忻迎一　著
责任编辑：韩金华
封面设计：树上微出版

出版发行：哈尔滨出版社（Harbin Publishing House）
社　　址：哈尔滨市香坊区泰山路 82-9 号　邮编：150090
经　　销：全国新华书店
印　　刷：湖北金港彩印有限公司
网　　址：www.hrbcbs.com
E-mail：hrbcbs@yeah.net
编辑版权热线：（0451）87900271　87900272

开　　本：889mm×1194mm　1/16　印张：11.75　字数：300 千字
版　　次：2023 年 1 月第 1 版
印　　次：2023 年 1 月第 1 次印刷
书　　号：ISBN 978-7-5484-6643-7
定　　价：88.00 元

凡购本社图书发现印装错误，请与本社印制部联系调换。
服务热线：（0451）87900279

目 录

一 "蝶变"孵化器 —— 神奇的汾渭裂谷..1

二 一湖绿水的光辉..5

三 石磨盘是"纤毛虫"..13

四 刷爆的气候"信用卡"..17

五 不沉的华夏..23

六 力量之"圆（源）"，血"圆（缘）"之美..28

七 打鱼出身的炎帝..31

八 二次葬 —— 灵魂最亲密的物理空间..37

九 黄帝是盐老板..40

十 蚩尤大帝开"整容院"..48

十一 彩陶生态大"帝国"..54

十二 女神降临..62

十三 中国大地的隔空"神"穿越..71

十四 "狼外婆"敲门了..78

十五 创建礼制，以礼服人..82

十六 母亲河，爱多了也会痛..91

十七 黄河背影中的国家奠基..96

十八 礼制最后竣工的"吊顶"..100

十九 定都二里头..104

二十 烟熏火燎也要忍的王宫..110

二十一	华夏第一龙	117
二十二	背影的黄河依然扛着华夏	124
二十三	充满敬畏的改朝换代	130
二十四	青铜的权力盛宴	134
二十五	故乡的土地"真香"	138
二十六	沦陷在游牧地区的农耕高手	149
二十七	实力管饭,天下一家	156
二十八	礼制在巅峰的自噬	161
二十九	严酷法制打败优雅血缘	166
三十	殊途同归的一对"死敌"	170
三十一	裂谷与千年漕运	172
三十二	中华大熔炉	175
三十三	拥抱大海星辰	179

一 "蝶变"孵化器——神奇的汾渭裂谷

中华民族又叫华夏民族。

古代文献释义：华，代表美；夏，代表礼仪。

可以说正是这两个字所包含的深刻意蕴，才造就了绵延于中华大地上从未中断的悠悠历史。

华夏民族有盘古开天的传说！

在这个传说里，华夏民族最早的祖先，叫盘古，盘古在宇宙的混沌中诞生，吸收天地之精华成长为一个力大无穷的巨人，这个巨人推开天和地，把自己的骨骼变成大山，血液变成江河，肌肉变成田土……经过一系列的不可思议的操作，从此，华夏大地就被创造出来了。

图1 盘古开天：根据传说，中国大地在我们祖先"入驻"之前，有过一次惊天动地的大"装修"，盘古就是超级"装修工"

这个传说听起来很"酷"，也很"荒诞"，充满了人类早期认知中非逻辑性的极度夸张，但如果我们破译其中隐藏的密码就能窥探到，这个传说其实是在某种意义上，用浪漫的、拟人化的手法，对华夏民族赖以生存的家园，在最初创生时曾经历的惊天动地的地质大事件的回眸。

那么，这个存在于我们祖先集体记忆里的地质大事件是什么呢？

确切地说，是一条大河的诞生。

这就是哺育华夏民族的母亲河——黄河。

根据最新的地质考察，专家认为，黄河并不是温柔降临的，而是经历了一个相当暴力的"剖宫产"，它的前世今生和一个北半球裂谷的地质演化密切相关。

裂谷，属于一种很特殊的地质现象，它的学科定义是：地球板块构造伸展的产物，它使岩石圈减薄和破裂，地壳完全断离，并以线状洼地的形态出现。

这个裂谷的定义过于专业，我们只要知道它是地球皮肤深层很难愈合的伤口，并且在陆地上很罕见就可以了。

这个影响和参与黄河诞生的地球皮肤的"伤口"，叫汾渭裂谷，主体由今天陕西的渭河盆地和山西的汾河盆地共同构成。

汾渭裂谷现在已经被诸如盆地、平原之类的地质概念替代，显得很低调，但它应该得到至高无上的荣耀，因为它对于我们华夏民族的诞生实在是太重要了，可以说它是华夏文明孕育、化蛹成蝶的孵化器。

在五至十万年前，汾渭裂谷不是盆地，而是一个超级大湖，也叫古汾渭大湖，比今天的太湖要大几十倍。

今天，在山西和陕西的很多山峦沟壑的裸露岩层中，我们还能看到曾经被湖水刻蚀的一层层的"年轮"。

这个曾经烟波浩渺的大湖由于是在裂谷中形成，构造很稳定，因此非常长寿，一般的湖泊平均存活时间为一万年左右，而这个古汾渭大湖至少"活"了100万年。

裂谷因为能长期储水，所以成为地球上最好的"耐磨损"的高品质生态环境，这为地球上生命的繁衍做出了极为重要的贡献。甚至可以说，是地球的皮肤"伤口"推动了人类这个物种的出现和进化！

地球最著名的"伤口"是非洲的东非大裂谷，那里诞生了人类的祖先，并且形成了3000多万年之久的古人类早期进化链。可以说，不管地球在如此漫长的时间里如何风云变幻，这个裂谷始终稳定地为古人类输出了3000多万年的水源滋养，完成了地球上最伟大的智慧动物——灵长类从在树上吃虫子到在树下直立行走的进化。

只有裂谷这么高品质的"储水囊"，才能维持如此持久的优越生态环境，来创造地球的超"精细DNA工艺"的智慧生命进化的奇迹。

大约200万年前，东非大裂谷完成了第一阶段的古人类"孵化"程序，开始大规模地输出"产品"，在非洲进化到一半的古人类，在盛行四条腿行走法则的星球上，练出了两条腿走路的绝活，他们是大地上唯一的直立行走的动物，因此叫作直立人。

图2 非洲裂谷进化链：东非大裂谷竭尽它全部的能量，使得古人类站起来了，他们用两条腿走出非洲，去寻找新的大陆

2

不过，尽管他们已经能够直立行走，但他们的脑容量只有现代人的一半，大约600毫升，虽然在那个时代的动物界他们已经足以笑傲江湖了，但离他们真正统治这个星球还差得很远，于是，这些人类的直立"半成品"走向地球各地，继续寻找更好的"加工厂"，去升级他们能够成为未来星球至尊的"智能芯片"——脑容量。

其中的一支队伍发现了汾渭裂谷这个绝好的新"加工厂"，于是，就选择在裂谷构成的汾渭超级大湖的湖畔，开始了直立人向现代人最后的升级。

大量的考古研究表明，在古汾渭大湖的湖畔及其周边辐射区，形成了一个层次极为丰富的、直立人通向现代人的进化流水线。

它们是：泥河湾人（直立人，200万年前），蓝田人（直立人，115—70万年前），周口店人（晚期直立人，70—20万年前），大荔人（早期智人，20—15万年前），丁村人（早期智人，10—5万年前），峙峪人（晚期智人，28000年前），山顶洞人（晚期智人，3万年前）。

这还只是一个不完全的统计，在这个区域里，还有很多闪光的进化小节点，由于并不影响这个大的框架，就不一一列举了。

汾渭裂谷，这个直立人进化的晚期黄金孵化器，表现出的智能进化的连续性、阶梯性、逻辑性和密集性，在世界上是绝无仅有的。即便说汾渭裂谷独立完成了地球上一支直立人队伍到现代人的全部进化，也不过分。

汾渭裂谷是地球上直立人晚期进化信息最丰富的地方，就是在这里兜兜转转的过程中，直立人的大脑容量增加了，完成了进化最后的质变，成为生理意义上的现代人。

然而，更为精彩的是，这个裂谷，不仅以百万年湖水构筑的生态环境，帮助直立人完成了向现代人的进化，而且为稚嫩的现代人的未来创业启动了一个造福万代的基建工程，这就是当直立人即将在生理上"蝶变"成为现代人的时候，它开闸放水，创造了黄河。

黄河的诞生，汾渭大湖起到了决定性的作用。

汾渭大湖的寿命大约在十万年前开始进入倒计时，它使用了百万年的湖盆终于出现破损（破损这个名词在这儿听起来是那样的美好），到大约5万年前，湖盆东端三门峡附近的基岩坍塌，溃决发生了！

这是一个惊天动地的溃决！也是华夏文明诞生的剪彩！

汾渭大湖里被禁锢了百万年的水如同脱缰的马，俯身冲向了东方一望无际的太平洋海湾（那时的海岸线大体在太行山沿线，河南、河北、山东等省在地理意义上还不存在，它们还在海湾里），同时，裂谷里流动的水就开始犀利地切割各种地质缝隙，黄土高原上很多不清晰的沟壑，特别是各个地质板块之间的古老接合部，逐渐被冲刷打磨出了河道，它们一段一段地拼接在一起，最终形成了一条通向太平洋的长河——黄河。

黄河是切割了坚硬的鄂尔多斯古陆边缘（这个古陆是中国20亿年前最早诞生的陆核，坚硬无比），并且围绕它走了一圈才得以贯通的，这就是著名的黄河"几"字形大拐弯。

可以说，黄河的河道是用汾渭大湖储存了百万年的巨量湖水冲刷出来的，黄河，就是汾渭大湖的转化产品，甚至可以说是汾渭大湖"剖宫"生产的新生儿。

汾渭大湖消失，古人类赖以生存了百万年优越的湖畔环境开始恶化，食物链萎缩，那些刚刚进化完成的现代新人类，感受到了生活日渐艰难的巨大压力，诸如打猎和采集这种古老而受限的获得食物的方式，已经远远不能满足他们膨胀的大脑对生活质量的追求和人口增长的野心了。

而另一边，黄河从雪山下来，向大海奔去，依托着高原落差而得到的澎湃动力，一路搞起了"物流运输"，它闯入地球上最大的黄土聚集地——黄土高原，以一个游龙般的"几"字形大拐弯，反复穿梭在黄土之中，"贪婪"地吞噬着黄土，把自己变成了世界上最沉重的泥河。

而在黄河流向的东方，是一片极为辽阔的大陆架浅海湾，也是黄河"夹带"的黄土的天然"卸货场"。

滚滚的黄河水日夜不停地把吞噬的黄土倾倒在这片海湾上，铺出了一块世界上最大的黄土地板，这片平均厚度达 200～300 米，广袤而柔软，细腻而肥沃，平坦而光滑的，充满新鲜有机物的黄土地，就是黄河给未来将要上岗的华夏农民打造的无比奢华的新摇篮。

我们所说的母亲河的真正意义，其实就是黄河千里迢迢从黄土高原搬运来这些泥土，把这些泥土日复一日免费铺在了东方的海湾里，给中国奉献了几十万平方千米的优质土地。

这也就是中华大地曾经经历的，沧海桑田的巨大变迁。

今天的河南省、河北省、山东省及安徽省和江苏省的一部分，都分布在这块填海造田的新增的土地上面。

这块在海湾中填出来的巨大的地板，叫作黄河冲积平原，这片巨大的水淘洗过的土壤，就是中国最富饶的核心土地。

那些在裂谷周围因为湖水消失而陷入缺吃少喝困境的新人类，终于发现了山下东方的海湾里"长"出的这么一大块广阔无垠、生机勃勃的土地，它可以提供几乎是无穷尽的足以改变他们命运的食物。他们心动了，于是，这些新人类的最后一代"猎人"终于下了决心，为了不再挨饿，他们选择了"跳槽"——拿起朴实厚重的石铲，去当华夏大地上第一代的垦荒者。

中国最早的农垦工作者诞生了。

中华大地上的农耕社会就这样开始了。

我们必须致敬伟大的汾渭裂谷，这个北半球的大"伤口"，是当之无愧的蝶变孵化器：它在最合适的时间，用储水和放水的方式，既圆满完成了古人类最后的"毕业典礼"，又给期待就业的新人类提前预备好一大块金子般的土地，让他们可以顺利地推开未来农耕社会的大门。

黄河的诞生，当然是一个大事件，它是在沧海桑田变迁的级别上重新构筑了我们的生存环境，"豪华装修"了几十万平方千米的"高档"地板。

我们的祖先对这样的大事件一定是刻骨铭心的，并且心怀敬畏，所以，他们用那个时代的语言，创造了"盘古开天地"这样大气磅礴、山崩地裂的文明开端的传说！

二　一湖绿水的光辉

在狩猎时代，人们击杀野兽用的是粗糙打制的石器，而在农耕时代，人们田地劳作使用的是精细磨制的石器，因此，打制的石器被叫作旧石器，磨制的石器被则称为新石器。

从大视野的考古来看，人类最早从狩猎时代进入农耕社会的"门槛"，在一万年前左右，但目前世界范围内已发现的这个"门槛"的信息量很小，上面留下的"脚印"非常模糊，大都无法勾勒足够的文化面貌，去辨识它们是哪个文明的源头"足迹"。

非常幸运的是，经过中国考古学家的不懈努力，最早踏进华夏农耕社会"门槛"的清晰"脚印"，已经被找到了。

这个华夏第一"脚印"发现的地点，就在黄河冲积平原上，具体的位置是：河南省舞阳县贾湖村。

贾湖村的位置刚好在黄河冲积平原的西部边缘，离民间传说的盘古山很近，不知其中是否有盘古开天、文明初创的暗示。

贾湖村所在的位置，是典型的黄河冲积平原，土地坦荡广阔，土质松软肥沃，庄稼苗壮叶肥，站在这里，就能感觉到天地之间充满了丰收的能量。

更特别的是，贾湖村里还有一个在冲积平原上不多见的小湖，镶嵌在村畔的田野里，这就是贾湖，贾湖村也是因此得名。

图3 贾湖景观：华夏文明最初的地平线，村庄里的那个小湖，就是华夏文明的"生命之眼"

就在这个美丽的、水生植物繁茂的小湖旁侧，在村子东边的庄稼地里，考古学家发现了华夏大地上最早的农耕聚落遗址——贾湖遗址。

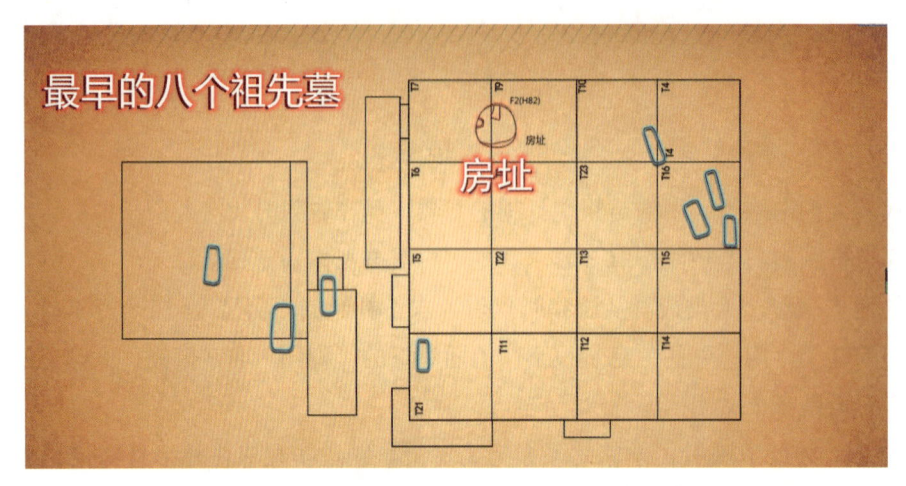

图4 贾湖一期遗址考古图：其中有八个墓和一间房址，这些华夏民族最初的文明创建者，他们勇敢踏上了空无一人的黄河大平原

如果说，中国独特而体量庞大的历史像一头大象，那么，实际上过去我们一直在盲人摸象，得到的都是比较碎片化的认知，而一旦找到了源头，我们就可以整体地梳理我们历史的全貌，从而探查出我们的祖先究竟是做对了什么，才能让我们的文明血脉从她诞生的那一刻起，成为地球上最坚实的"钉子户"，从未放弃我们的"宅基地"，是人类唯一没有失踪的文明。

根据C14的测定，贾湖聚落遗址距今9000至7500年，共分三期，持续了1000多年。

贾湖一期遗址（距今9000—8500年）一共有八个墓，其中六个男性，两个女性，他们是华夏大地上最早的文明创建者。

这个遗址令人瞩目！因为它有很多中华文明源头的"首创"：最早的房子，最早的成批制造的陶器，最早的磨制石器，最早的墓地，甚至最早的哲学和音乐，等等。

遗址里丰富的器物种类和文化元素，让我们看到了华夏祖先开天辟地时的"豪华"阵仗。

在生物进化史上，有一个术语，叫作寒武纪生物大爆炸，意思是，在地球生命演化的40亿年中，绝大部分时间是以微生物的单细胞形态存在，在将近30亿年的时间里都看不出生命明显的进化，而到了寒武纪，地球上突然出现了大量的多细胞物种，简直就像大爆炸一样，地球一下子就进入了五彩缤纷、物竞天择的动物世界。

贾湖一期这个华夏农耕文明源头，很像寒武纪的生物大爆炸，因为在这之前的长达几万年的时间里，考古学家在世界上仅仅发现了一些零零星星的农耕社会的初级萌芽，而贾湖遗址蕴藏的"井喷"式的农耕社会的信息，几乎可以用"大爆炸"来形容。

看来生物的进化和文明的演进，有异曲同工之处。

贾湖一期遗址里出现了房子，这就是目前为止我们发现的，华夏大地上最早的人工建筑。

这间房子大体是圆形的，面积很小，只有六七平方米，房间里的地面向下挖了大约一米深，是一个半地下的结构，外墙用树枝围合，再用泥巴涂抹，整体看起来就是一个低矮的窝棚。

这个中国"一号建筑"，虽然十分简陋，但我们祖先就是以它为起点，彻底摆脱了天然洞穴的束缚，勇敢地走向了广阔的大地，开启了悠悠华夏文明。因此，可以说，这间小窝棚就是华夏大地农耕元年的一个伟大地标。

图 5 贾湖一期遗址的房子复原：看起来非常的简陋，但如果时光退到 9000 年前，它就是五星级"豪宅"，它浑身闪耀着农耕元年令人炫目的建筑科技

遗址里还发现了很多磨制的比较粗陋的石斧和石铲，可以说这是目前发现的中国最早的磨制农耕工具，虽然其中还有明显的技术瑕疵，但这恰恰说明，我们祖先正从旧石器时代向新石器时代迈进。

进入农耕社会，狩猎时代的原始"烤串"技能已经不够用了，要把粗纤维的谷物等粮食加工成人类肠胃可以消化的食物，必须使用高温水煮。

于是，用于烹饪的陶器诞生了。

贾湖一期遗址发现的华夏最早的陶器大致有四种类型：双耳罐、细颈瓶、罐形壶和角把罐。这些陶器功能的丰富性和品种的多样性和相当不错的颜值，在同时期的人类制陶历史中是绝无仅有的，它们端庄、大方、圆润、和谐，一点没有被生活压抑的病态和扭曲，非常明朗、阳光地奠定了华夏民族的审美基调。

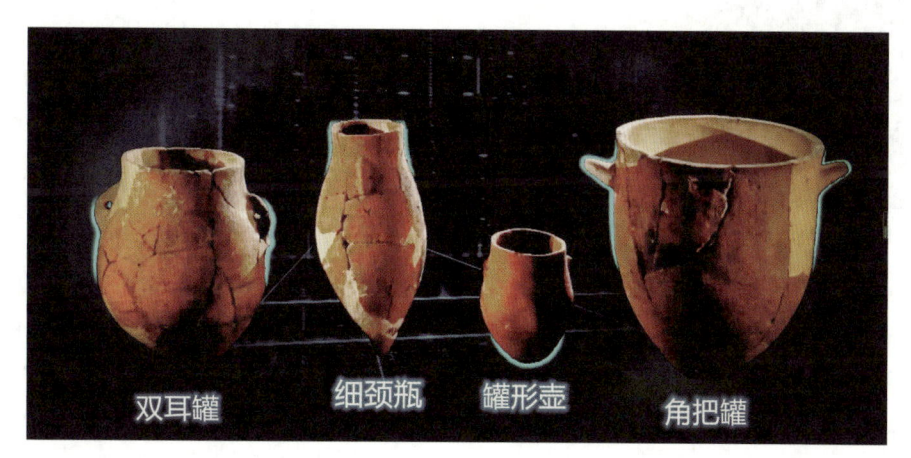

图 6 贾湖一期遗址出土的陶器：我们的祖先 9000 年前就有这么丰富的炊具，展现了美食大国的底蕴

7

不过，在贾湖这个中华农耕文明"大爆发"的源头，我们的祖先，这些"发明狂魔"，不仅发明了早期农耕时代全套的生活"装备"，更重要的是，他们还创造了华夏民族独有的精神世界。

在贾湖一期的八个墓里，专家鉴定有六男两女。这些墓穴都十分简朴，几乎每个人都只随葬一件双耳罐，但有一个相对比较大的男性墓，有点与众不同，他多了一些特别的随葬品。

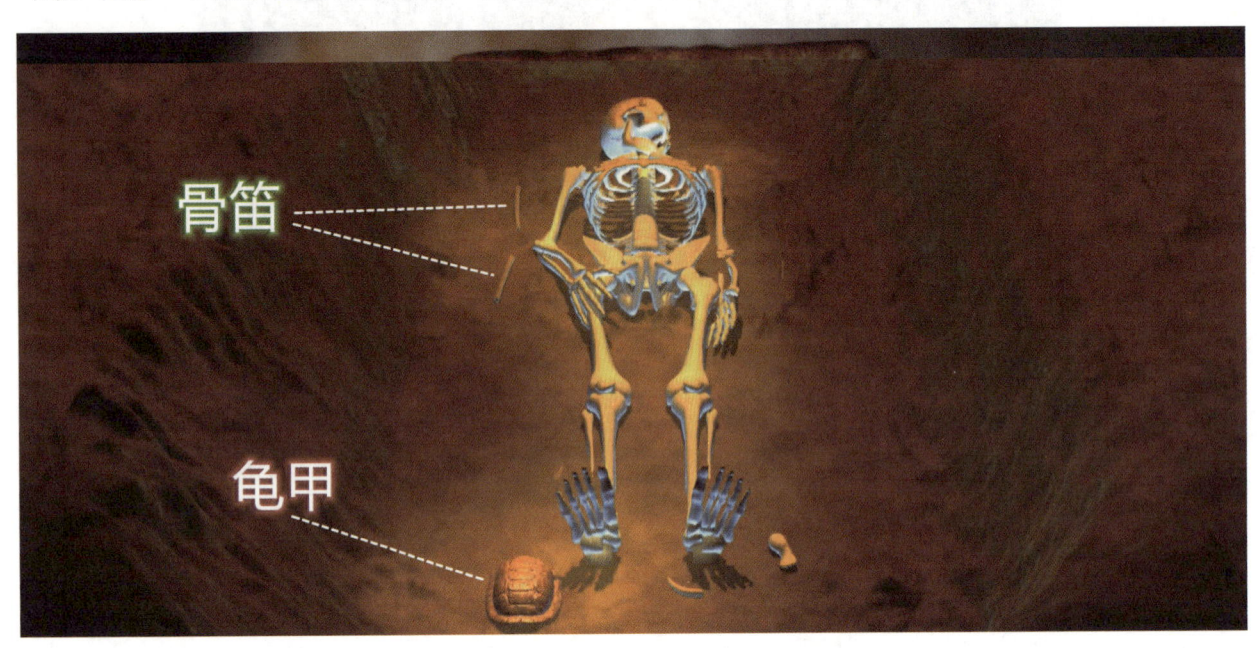

图7 贾湖一期遗址有骨笛和龟甲的墓葬复原：右臂附近有两支骨笛，右脚附近是龟甲，这两件工具，帮助这位祖先在贾湖边上悟出了华夏民族最早的人生哲学

图8 伏羲像：根据传说，伏羲是华夏部族的精神导师，他创造的哲学我们至今不全懂，但不妨碍我们用它打鬼驱魔

这个墓主人60岁左右，他的右臂附近放了2支骨笛，脚部放了一个龟甲。

这两件很特别的随葬品，太值得关注了，它们出现在贾湖，终于揭开了一个千古之谜！

这两件随葬品之所以重要，是因为它们作为无可置疑的真实的历史存在，直接和我们最早的传说挂钩了。

华夏民族的上古传说的序列，是在盘古开天创建了我们的生存家园之后，接着迎来了两个降临人间的导师，一个是伏羲，一个是女娲。在古代画像里，他们被描绘成手握尺子和圆规的一男一女，现在看来，这两个人相当于是负责人间两大业务的工程师，女娲是"硬件"工程师，负责造人，也就是繁衍人口；而伏羲则是"软件"工程师，负责向人们传授各种知识，包括农耕渔猎，驯养家畜，其中特别重要的是："制音律，画八卦"。

贾湖一期大墓里的骨笛和龟甲这两件特殊随葬品，恰好符合了"制音律，画八卦"的传说。

八卦，是华夏民族独一无二的秘籍，传说它是伏羲在观察龟甲的纹理时得到启迪而创造出来的。或许，贾湖的发现可以证明，就是因为华夏民族在文明发源之初创造了八卦这个奇妙的哲学"软件"，才会开启一条与众不同的文明之路。

今天人们认为，八卦是一种靠思辨和逻辑探讨自然规律的思考。这种哲学的最大的特点，就是降低了鬼神这种超自然力的存在感。

八卦图中心的黑白"阴阳鱼"组成的圆形，代表阴阳两种能量，它们的四周是一圈长短杠组成的符号，这些符号中，长杠代表阳，短杠代表阴。（这种符号有点像是计算机的0和1，是一种简单直观的堆砌式符号表达，这似乎和现代科技编码"殊途同归"）。

图9 八卦图：传说是伏羲创造的，探讨天地运行规律的哲学——万物最终归于平衡

八卦用代表阴阳的长短杠，组合出了八个非常具有代表性的自然能量的符号：天、地、山、风、火、水、雷、泽。

八卦的核心思想是：大自然的能量是可以阴阳轮回的，白中有黑，黑中有白，你中有我，我中有你，强中有弱，弱中有强，只要把握好不同自然力之间相生相克的平衡，就能和谐宇宙万物，从而游刃有余地驾驭它们。

八卦的发明，体现我们祖先对大自然独树一帜的、有胆有识的平等对话的态度，也就是说从骨子里根除了对鬼神这种超自然力的崇拜。他们相信只要通过自身的正确操作，使用智慧和技能，就能够在和大自然周旋的过程中获得对自身有利的结果。

八卦对于华夏民族的精神塑造是至关重要的，从某种意义上说，正是因为有了八卦，我们才真正毫不心虚地在文明诞生之初就勇敢地关闭了和鬼神邂逅的大门，只有这样，华夏民族才能把祖先这唯一的权威置于至高无上、无可争议的地位，才有可能建立以祖先为核心的、磅礴而深厚的血脉纽带，把华夏民族凝聚起来。

不过，八卦虽如此重要，但一直以来，我们只是在传说中得知八卦是伏羲发明的，而历史上到底有没有伏羲这个人，他是什么时候发明八卦的，从来都是一个谜。甚至有人认为我们的祖先不可能发明这么玄妙而高深的哲学，所谓的八卦不过是后人的附会。

考古发现是最有说服力的，贾湖这个墓葬里既有可以演奏音乐的骨笛，又有带有纹理的龟甲，恰恰就对应了伏羲的"制音律，画八卦"。

难道贾湖墓葬里这个拥有骨笛和龟甲的人，是伏羲？

当然，这也可能是一个偶然，因为在贾湖一期地层的八个墓葬中，只有一个墓葬里有骨笛和龟甲，一个孤立的标本不足以成为如此重大事件认定的标准，很可能这只是墓主人个人的生前心爱之物，后人埋葬死者的时候把他的心爱之物放了进去，这种随葬品不一定是普遍的，也未必和博大精深的八卦有关联。

但是，当考古学家把贾湖遗址的二期地层挖开之后，人们真的惊讶了，在二期遗址里，在二百多个墓葬中，至少有二十多个墓葬里出现了龟甲和骨笛，这就表明，骨笛和龟甲的出现不是偶然的，而是在华夏农耕社会的源头非常重要的一种存在。

二期的骨笛明显进化了，一期的骨笛只有六个孔，而二期的骨笛大都从六孔变成了七孔，甚至还有八孔骨笛。经过专家的测试，和一期大墓里发现的六孔骨笛相比，已经可以确定，这些七孔和八孔的骨笛可以吹出七声音阶，几乎接近现代的乐器。专家曾经请音乐演奏家用8000多年前的骨笛完整地吹出了河北民歌"小白菜"的旋律，那种哀怨的音色，甚至比现代一般的民乐器更有穿透力。

值得关注的是，专家发现，在一些骨笛上，除了正式的音阶大孔之外，还出现了很多调音的小孔，这些小孔的分布并不规律，有的地方多，有的地方少，这似乎表明我们的祖先曾经不断地研究试验，希望改进骨笛的音律表现力，或者说他们很可能在寻找着更多的音阶。

图10 骨笛：七孔骨笛，这支骨笛上还有很多小孔，很可能是我们的祖先在调试音律，他们在测试大自然声音的边际奥秘

但不管他们怎么在骨笛上试探钻孔，最终发现的音符只有7个，也就是只有"1234567"七个音符（那个时代对半音大概还没有太多了解，但7个基本音符肯定是掌握了），虽然只有这7个音符，却可以演绎出各种不同的旋律，这很可能就启发了我们祖先的哲学认知 —— 大自然是一个闭环，基本的元素虽然不多，却可以创造无限。

于是，他们通过龟甲的纹路研究出了八卦，认为大自然的元素也就八种，只要懂得调节好这些有限的大自然的元素，也就可以像音乐一样，产生无限的相生相克，阴阳平衡。

在这些随葬龟甲的墓葬中，有1个的，2个的，3个的，5个的，6个的，但最多是八个龟甲，没有超过八个的了，也就是说，八个龟甲，是最大的数字。而我们所说的八卦，数字也是八，难道这是一种巧合？恰恰就对应这八个龟甲吗？或者，这八个龟甲就是最初被创造的八卦的原始状态吗？

贾湖遗址中一共只发现了两个随葬有八个龟甲的智者墓葬，但其中的一个，墓主人没有头，而是把八个龟甲替放在头颅的位置，这个场面令人非常震撼，并且极具仪式感。

图 11 八个龟甲的墓葬照片：8500 年前的墓主人的尸骨，他的头颅是缺失的

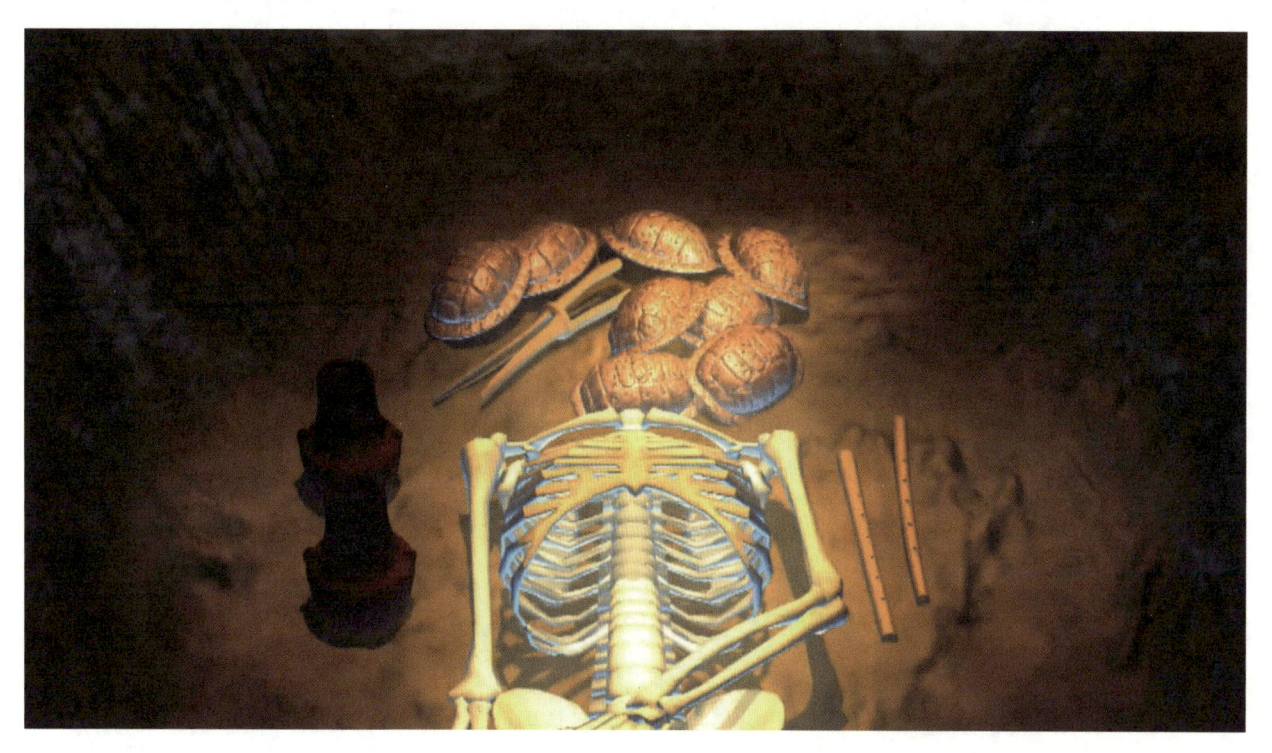

图 12 八个龟甲墓的复原：缺失头颅的地方放着八个龟甲，左臂旁是两根丹顶鹤腿骨制作的骨笛，很可能就是有了这两种物品的辅助，才产生了华夏文明的发展基因

这难道就是墓主人用自己的头颅，换来了最终对八个龟甲的认定，从而完成了八卦的核心哲学的创造？

尽管很不可思议，但考古与传说有很多的点都"契合"，因此，很可能贾湖，就是华夏祖先发明八卦的地方，或者说，至少是开始研发八卦的地方。

在离贾湖村大约70千米的上蔡县，有一个白圭庙村，村里有一个纪念伏羲画八卦的画卦亭，据说有很悠久的历史。

这是一个庙宇式的八角形建筑，并不大，八个窗户代表八卦的八个方位，亭子里很空荡，只有地面中央镶嵌着一幅八卦图。

根据上蔡的县志记载："上古伏羲氏得白龟于蔡水，凿池养之，而画八卦。"

这就意味着，古人似乎是认为，伏羲在上蔡这一带创造了八卦，因此，就在这儿建造了一座八卦亭。

推测几千年前的事情，当然会有误差，但上蔡和贾湖之间只相距70千米，这点误差放大到近万年的尺度上，已经是匪夷所思的精准了。

古人认为伏羲是在上蔡县附近的蔡水里得到的白龟，但是根据考古的矫正，伏羲似乎应该是在贾湖里得到的乌龟，白龟的传说很可能是为了渲染龟的品种的高贵，实际上从贾湖墓葬里发现的龟的品种来看，就是一种普通的乌龟，学名应该叫黄缘闭壳龟。

当然，有可能蔡水附近也有乌龟，也可能贾湖的智者会有较大的活动范围，也到过蔡水，但目前我们只能依据考古的发现来做考察判断，因此，基本上可以认定，贾湖聚落就是中华民族研发八卦的第一地点。

或许，直到今天，我们很多人都没有真正认识到八卦哲学对华夏民族究竟有多么重要。

作者认为，之所以华夏民族可以生生不息，从未中断，主要就是依靠纯粹的，没有鬼神干扰的，无条件崇尚祖先权威的血脉文化基因。

而这，和八卦的创造有很大的关系。

尽管在今天，我们多数人可能都无法真正地了解八卦的具体内涵，无法准确解读八卦的深层奥义，一种可能是，我们今天的大脑，已经被大量的信息"污染"，不能敏锐地感悟早期哲学那种质朴的"深刻"；又或者，它就是由智者创造出来，只在文明的源头给懵懂的初民确定一个方向，然后就隐身甚至晦涩。

它的存在，就如同我们的民族在婴儿时期，早早打了免疫神灵的疫苗，虽然我们并不需要理解疫苗的成分，但从此，我们就有了对鬼神的强大的免疫力，而把全部的崇拜和信赖，毫无保留地奉献给了祖先。

在贾湖所有有骨笛和龟甲的墓葬里，随葬的器物都比普通墓葬要多得多，显然，这些智者的地位很高。

可以说，这些智者在几千年的时间里，担当了华夏民族早期超级大脑的智库，也共同构成了传说中的伏羲的形象，也就是说，伏羲不是一个人，而是一群智者。

对墓葬中尸骨的性别进行分析，这些智者绝大多数是男性，这也符合传说中伏羲的性别。

这种超级大脑不可多得，他们或许就是汾渭裂谷给华夏大地就近分配的、古人类孵化器里最优秀的尖子"毕业生"，他们虽然仅仅在文明的源头惊鸿一瞥，却给我们留下了千秋万代受益无穷的文明智慧，而其中一个最大的智者，甚至为此献出了自己的头颅。

当然，我们还要感谢最早的八个祖先，他们选择在贾湖的湖畔附近创业，因为这个湖虽然不大，但这一汪在大平原上非常稀缺的湖水，既引来了过路的丹顶鹤，同时涵养了乌龟，使得我们的祖先可以用丹顶鹤的腿骨制作骨笛，通晓了音律，又能根据乐理，从龟甲上得到启发，画出八卦。

有趣的是，中国有一种吉祥的说法，叫龟鹤延年，因为乌龟和丹顶鹤都是长寿的吉祥动物，而华夏民族从诞生的那一天起，文明的火炬就从未熄灭，现在看来，或许就和我们文明诞生之初与龟鹤结下的缘分有关。

三　石磨盘是"纤毛虫"

不过，华夏农耕社会之所以能够在源头，就创建一种哲学思维的"防火墙"，用来屏蔽一般早期人类社会很难不膜拜的鬼神，除了我们拥有祖先的大智慧以外，还有一个重要原因，就是黄河这条母亲河的哺育能力太出色了，黄河冲积平原铺出来的优质土地，其富饶程度是无与伦比的，在这种土地上耕耘的回报要比一般的土地上高得多。这使得我们祖先可以有"肚里有粮，遇事不慌"的底气，从而淡化甚至无视对鬼神的需求。

然而，要把优质土地上的收获转化为实实在在的有效食物，在农耕社会的初期并不是一件理所当然的事情，实际上，华夏早期农耕社会的成功，除了离不开男人的辛苦耕作，还有女人在其中做出的不为人知的重大贡献。

考古工作者在贾湖遗址北方的新郑市，也就是在黄河冲积平原的腹地，发现了距今约 8000 年的裴李岗遗址。

裴李岗是一个村子，因此，这个遗址所代表的文化就以裴李岗命名。

考古工作者在裴李岗遗址里挖掘出了大量的墓葬和随葬品，经过比对，专家认为，裴李岗遗址和贾湖遗址的主要生活用品和生产工具都很相似，只是时间略晚一点，属于一个系统的不同类型，不过，由于裴李岗遗址是先于贾湖遗址发现的，所以，将贾湖类型和裴李岗类型统一命名为裴李岗文化。

裴李岗类型遗址的分布比贾湖类型遗址广泛很多，贾湖遗址只发现了几十处，而裴李岗遗址已经发现了一百多处。

不过，虽然裴李岗类型和贾湖类型在文化面貌上很相似，而且它们离得并不远，相互的边界甚至还有重合，裴李岗类型却是一种很不一样的社会。

图 13　裴李岗的工具：简直就是一个"丝滑料理"，这里生产工具中的柔性的石铲远多于尖利的镐头，表明这里的土地十分松软

在裴李岗类型的墓葬里，没有龟甲和骨笛，也就是没有智者，一个都没有。这里弥漫的不是笛声悠悠的哲学气场，而是一种精细养生的生活氛围。

考古工作者发现，在裴李岗类型的墓葬里，最被看重的工具，不是生产工具，不是石铲、石斧或者石镰，而是一种食物加工工具，叫作石磨盘。

石磨盘是大型石器，是用一整块石头磨制而成的，70到80厘米长，25到30厘米宽。

石磨盘看上去很有穿越感，因为它很像今天的滑板，典型的石磨盘头部是椭圆形的，腰略收细，尾部也是椭圆形，整体呈现出一种流线型，很符合现代物理学的审美。

图14 石磨盘：这种距今8000多年的工具有很强的穿越感，它的流线线条很符合如今社会才有的审美

在某种意义上，说这种高颜值的工具是一件艺术品一点也不过分。人们所说的工匠精神，在石磨盘上体现得淋漓尽致，可见，裴李岗人对这件工具倾注了太多的情感和心血。

不过，在功能上，这种漂亮的石磨盘其实并不具有高大上的文化属性，它只是一种粮食加工工具，主要用来脱粒和磨粉。

把食物磨碎，在今天看来，也就是一种普通的加工工序，似乎没有必要把这种加工工具做得如此高端，但是，在裴李岗时代，考古显示，这种工具的功能非常重要，它关系到华夏早期农耕社会是不是"海市蜃楼"的问题。

石磨盘这个工具的掌握者，拥有很高的社会地位。

这些有石磨盘的墓葬，占全部墓葬的10%左右，根据墓葬的随葬品统计，拥有石磨盘的人，地位与贾湖遗址中龟甲拥有者相当。基本上凡是有石磨盘的墓葬，随葬的物品就多，墓穴也比较大。而大多数没有石磨盘，只随葬生产工具的墓穴都比较小，随葬品也少得多。

显然，裴李岗人认为，使用石磨盘这种粮食加工工具的人的重要性超过了使用生产工具的人。

于是，这里似乎产生了一个和常识相悖的逻辑：食物的加工，比食物的生产更重要。

这个观点听起来有点本末倒置。没有粮食生产，何来加工？

但，考古结论告诉我们，这就是华夏农耕社会初期一个很重要的特点：种粮食很重要，但如何把粮食健康地吃进去，更重要。

三 石磨盘是"纤毛虫"

可以说,人类进入农耕社会,在饮食的结构上,发生了很大的变化,就如同大熊猫从肉食动物变成吃竹子的素食动物很艰难一样,人类从以肉为主的狩猎生活,变成以粮食为主的农耕生活同样也很艰难。

大熊猫之所以能够改荤为素,是因为它们的肚子里偶然长出了一种纤毛虫,这种纤毛虫帮助它们完成对竹子这种粗纤维的消化,这才使得它们幸运地活了下来,其他很多动物在这条改革的道路上因为没有得到纤毛虫的帮助,很可能都失败了。

而人类也没有纤毛虫,要想改荤为素,或者说以素为主,并不是很容易的,粮食大都是粗纤维,不好消化,不仅容易导致营养摄入不够,而且还会引起消化系统崩溃,甚至有专家认为在这个时候人体的免疫系统仍然视粮食为入侵者,会产生免疫抵抗。粮食的营养价值远不如肉食,消化吸收率则更低。

如果不能把优越的土地赐给我们的食物变成有效的营养,我们在农耕社会的幸福感就会大大贬值。

于是,石磨盘就发挥了重要作用,它扮演了人类的纤毛虫的角色。

用石磨盘能够把粮食磨成粉或者细颗粒,这样就可以煮成面糊或者碎粒粥。一般来说,粮食的颗粒被物理细化了之后,就会好消化得多,这就与我们往往给肠胃不好的人吃流食的道理是一样的。

因此,这个漂亮、精致、流线型的石磨盘,是帮助我们祖先的肠胃对粮食减少敌意,成功通过农耕社会"粮食免疫"的重要"神器"。

这种改变还得到了陶器的"配合",无论是在贾湖类型,还是裴李岗类型的聚落里,都有一种带腿的碗,就是三足钵,它是碗的造型,但下面都带三条腿。这不是画蛇添足,而是强调稳定性的设计。因为在那个时代,没有桌子,地面也坑洼不平,汤粥状的食物容易倾洒,因此需要用三角支撑,保持平稳。

图15 三足钵:8000多年前,各种三角风靡黄河冲积平原,没有点三角支撑的几何概念,还真进入不了华夏农耕社会

这种三足钵流行在黄河流域的冲积平原上,而石磨盘也同样流行在那个地区,这两件器物是裴李岗文化最具标志性的产品,可以说就是这两件餐饮工具的组合,以喝养生汤粥的方式,把我们祖先在漫长

狩猎社会中养成的，抵触粮食的猎人肠胃，终于调理成了可以消化粗纤维的多功能的农民肠胃。

在某种意义上，生产工具只是把人的身体带进了农耕社会，而石磨盘才把他们的消化系统带进了农耕社会。因此，可以理解在那个时代石磨盘比生产工具更重要。

根据考察，这些拥有石磨盘的墓主人，虽然尸骨缺失严重，不太好鉴定，但从已有的不多的墓葬标本里分析，拥有石磨盘的死者是女性（目前为止还没有发现男性的墓葬里有石磨盘），因此，专家大多倾向于认为石磨盘的拥有者是女性。

这些聚落的女性"操盘手"，或者叫肠胃"免疫"调理师，她们因管理好了消化系统，使得农耕社会食物的营养价值最大化而受到了尊敬，成功地繁衍了那个时代达到万人规模的庞大的农业人口。

从某种意义上说，她们就是这个时代的女娲。传说女娲来到人间，发现大地空空荡荡，一点人气都没有，于是就用树枝沾水和黄土，甩出了很多的泥点，这些泥点变成了芸芸众生，从此大地上才有了欢声笑语。

女娲的传说虽然夸张，但其中黄土造人的寓意，其实是和农业社会土地耕作的成功导致人口增长契合的。

裴李岗类型中没有发现智者，很可能是因为他们中没有贾湖类型里那样的天才，也或许聚落的分工不同，但他们聚落的繁荣发展，就是对贾湖智者们创造的无神论哲学的最大支持。一个能够吃得好的充满幸福感的民族，是不会轻易膜拜鬼神的，考古证明，在整个裴李岗文化系统中，自始至终没有出现神灵信仰。

没有神灵，就是在给祖先的权威留位置。

因为神灵的空白，必将导致祖先逐渐地成为唯一的权威选择，并以此为核心形成华夏文明的血脉政治生态的初期构架。

四 刷爆的气候"信用卡"

黄河承包了中原大地上几乎所有的土地,这个地板"狂魔"不只是铺出了黄河南岸的冲积平原,还铺出了同样广袤、松软、肥沃的北岸冲积平原。可以说,黄河高品质的大地板铺到哪儿,哪儿就有华夏文明出现。

大约8300年前,在黄河北岸的河北省磁县一带,诞生了和裴李岗文化同时代的磁山文化,也是早期华夏农耕社会"原始股"的持有者。

不过磁山遗址很奇特,里面没有发现聚落和墓葬,除了两间很小的房址以外全都是坑穴。

从某种意义上说,磁山遗址简直就是坑穴"博物馆",这里密集分布着大约500个形态各异、深浅不一的坑穴。

图16 磁山坑穴:这是磁山坑穴的部分遗址,不同形状的坑穴密集地分布着

其中数量最多的是一种圆形的浅坑穴,这种坑穴直径一米左右,半米深,里面放着数以千计的生产工具,有石铲、石斧和石镰等。

图17 复原的工具坑:各种工具都有,而且很新,数量成百上千,可以装备好几个聚落

把这么多的，远超一般聚落劳作所需要的大批量生产工具放在坑里，是什么意思呢？

难道这里是一个加工厂？

但是，又不像，因为这里没有加工生产所需要的流水线，没有大量未加工的石料以及半成品。

要不是一个工具仓库？

也不对，一般的工具都随身携带，或者放置在聚落居住地的附近，而这儿没有发现聚落和居住地。

除了工具坑，人们在这里还发现了一种"全家福"坑穴，数量比圆坑少一些，但尺寸大得多，这种坑穴里混放着多种器物，有生产工具、粮食加工工具及各种陶器。

图18 "全家福"器物坑：有陶器，石磨盘以及各种生产工具和生活器具

图19 "全家福"组合工具器物坑复原：每个"全家福"器物组都间隔摆放，很有仪式感

磁山人在这种坑穴里，把那个时代几乎所有的家当都集中在一起，组成很多个"全家福"单元，这究竟又是做什么呢？

困惑的专家，直到又在这里发现了另一种特别的坑穴，才揭开了这个遗址性质的谜底。

这是一种长方形深穴，口径一米左右长，半米左右宽，深2到3米，在这些深穴里，居然存放着很多的粮食——粟，也就是小米。这些深穴有80多个，其中的小米总量加在一起，有专家判断，可能达到十几吨甚至更多，这在早期农耕社会，绝对是个惊人的数量。

考察之初，人们以为这些粮食一定是省吃俭用储存下的，而且这么多的粮食集中在一起，很可能是多个聚落共同存放，为了灾年救急之用。

然而，深入探查发现这不是粮仓，这些粮食不是储存的，因为在这些粮食坑的底部，事先已经放了一些屠宰了的猪和狗，显然，这些死亡的动物是

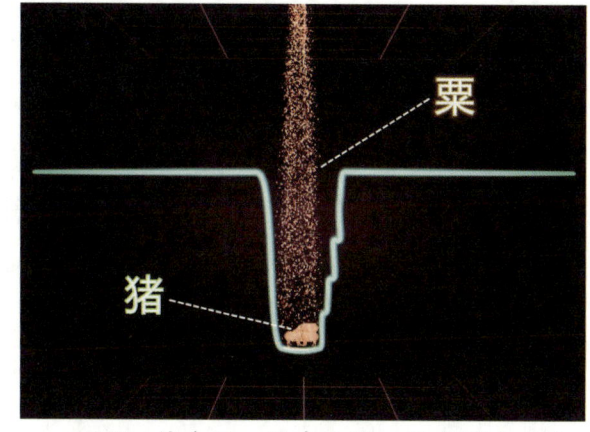

图20 粮食坑：坑底是猪，粮食倒在猪上，显然，这不是在腌腊肉，而是一种原始的食物"敬献"，也就是肉祭和食祭

会腐烂的，粮食和它们掺在一起，必定会被污染，这也就意味着，这些粮食是不准备再让人食用的。

既然不是仓库，那么，这么大方地浪费难道是疯了，虽然黄河冲积平原非常的富饶，但那毕竟是刀耕火种的年代啊！再肥沃的土地，粮食也是用汗水辛苦种出来的，绝不可能随便埋掉。

专家经过分析，排除了多种可能，终于认定这些粮食只有用在一种场合才是合理的——祭祀。

磁山遗址使用的是最原始的祭祀方式，就是把粮食直接倒到坑里，包括扔进去的猪和狗，连毛都没有褪，他们以一种粗放而慷慨的，没有任何厨艺"料理"的供奉，敬献给逝去的祖先。

由此可以推断，其他的坑穴里那些无论是分门别类，还是混放的各种器物，都可以理解为工具冢和组合器物冢，也是对祖先的一种朴实的怀念和祭祀。

可以说，磁山遗址的近500个坑穴，提供了一个华夏文明源头祭祀祖先的样本，这里没有任何鬼神元素，充满了原始到极致的人间烟火气。

磁山遗址证明了，只要疏远鬼神，就会让祖先得到最大的尊重，并且形成以祖先为核心的血脉文明的社会。

不过，华夏民族之所以在创立之初就可以豪气十足地隆重宣布："华夏大地，鬼神莫入"，虽然首先是得益于黄河冲积平原肥沃土地所赐予的幸福生活，不给鬼神打"苦难牌"的可乘之机，但以磁山遗址为代表的，华夏早期农耕社会如此丰厚的粮食家底，已经不是单纯的土地肥沃能解释的了。

实际上，这个丰厚的家底除了黄河这个地板"狂魔"的土地馈赠之外，还有天上掉下来的"大红包"锦上添花。

中国，位于地球最大的大陆——欧亚大陆上，又面对地球上最大的海洋——太平洋，根据水陆之间气流冷热交换的物理效应，就产生了最大规模的气体对流——东亚季风。

冬天，冷高压在陆地深处形成，驱动强劲的冬季风，从欧亚大陆深处裸露的戈壁荒漠，给中国腹地"空运"来大量的沙尘，这些沙尘都下坠在汾渭裂谷（汾渭裂谷似乎有特殊的下坠引力）周围，形成地球上最壮观的土壤库存——黄土高原，而黄河就像传送带把它们搬运到山下，铺成了优质的冲积平原，

恰恰是这种风与水的完美空地运输接力，把原来死亡戈壁的沙土，变成了世界上最生机勃勃的农耕土地。

夏天，陆地升温比海洋快，海洋比陆地"迟钝"，于是冷高压在大洋深处形成，驱动夏季风从太平洋给陆地输送大量的水汽，这恰恰像是专门为农耕社会定制的专属"洒水车"，非常符合庄稼生长的规律，因为天越热，庄稼越需要"喝水"，所以，中国大地不仅有最肥沃的土壤，而且有"水热同期"的雨水浇灌。

完全可以说，季风"宠溺"了中国，它既给我们制造了最好的土地，又以最"解渴"的方式灌溉了土地。

《诗经》里就写道"季风之时兮，可以阜吾民之财兮"，古人很早就明白，当季风吹来的时候，我们的粮仓就会囤满。

然而，中国，不仅拥有地球上最强的常态季风，同时华夏早期农耕社会刚好又赶上了一波有利于季风增强的升温。

贵州省，是我国最大的石灰岩分布区域，在它的崇山峻岭之中有很多天然溶洞，这些溶洞都是宝贵的气候历史档案库，因为溶洞中有大量的钟乳石，这些钟乳石的生长是和气候的表现密切相关的。

在溶洞密闭的环境里，钟乳石可以有几千甚至几万年以上的"寿命"，而它们生长的纹理，就是以年度为计量单位的气候变化的连续记录。

图21 贵州茂兰石灰岩地区董哥洞的石笋：这些石笋的年龄有很多都超过万年，它们是气候的档案，可以说，中国的气候史，大都被凝固在石灰岩中

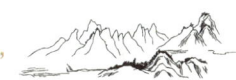

根据贵州茂兰石灰岩溶洞群的石笋采样，以董哥洞作为标本，专家得到的古气候的记录表明，在几千年前，地球持续变暖，气温不断地上升，降雨量达到了近一万年内的最高峰值。

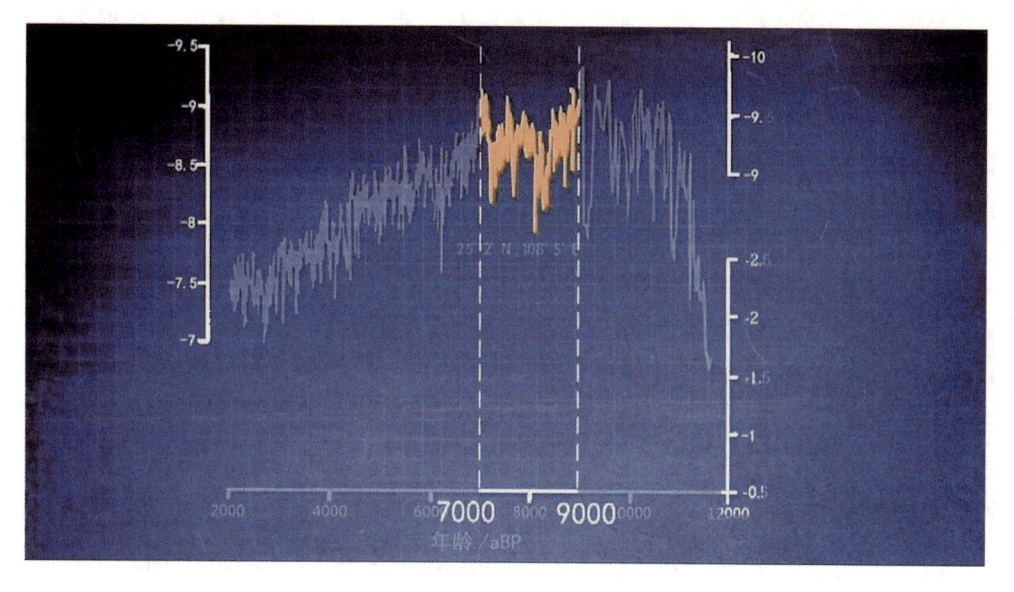

图 22 董哥洞气候曲线：这是一个 2000 至 10000 年的气候、降水变化曲线图，中间黄色的部分是 7000 到 9000 年前，它表明在这个时段中国大地达到了降雨量的最大峰值

这种升温，把原本常态化的季风升级为超级季风。

一般来说，季风的动力大小由温度控制，特别是夏季风，气温越高，季风的强度越大。于是黄河制造的极品土地，搭载着增强版季风送来的格外丰沛的雨水，"双剑合璧"创建了繁荣指数达到五颗星的早期华夏农耕社会。

不过，令人意想不到的是，这个得到各种资源狂砸"红包"的华夏早期农耕社会，后来突然消失了，而且消失得很干净，黄河大平原在此后几百年的时间里，几乎全部变成了考古的空白区域。

这么优越的土地和气候条件，怎么突然荒无人烟了呢？

专家最新研究发现，这很可能就是地球升温导致的后果，甘蔗没有两头甜，虽然升温让华夏民族在创立初期，有了巨大的水热红利，却也最终导致了全球性的气候异常，特别是造成极地冰盖的融化，大量的冰雪融成了海水。

专家们在中国南海一些珊瑚礁岛屿调研发现，7000 多年前，世界的海平面比今天高出 2 米左右，这就意味着，今天的上海、大连、青岛、杭州、广州等海边城市，都曾被淹没在海水中，专家甚至认为，当时的海岸线已经入侵到了今天的河北、山东、安徽、江苏中部。

这次海平面升高持续的时间很长，在几百年的时间里，把整个黄河的大冲积平原，也就是那块最优质的地板全部泡了水。

这场超级大水灾，在中国古代文献里其实也有隐喻，那就是著名的"精卫填海"。

故事的大意是：很久很久以前，炎帝有个女儿，名叫女娃。女娃常常跑到东海去玩，但不幸被海水淹死。女娃死后，化成了一只小鸟，每天在东海上盘旋、悲鸣。它的凄楚叫声像是"精卫"，于是人们就叫这只小鸟精卫。

图23 《山海经》里的精卫鸟：瘦弱的身体蕴藏着不屈的意志

精卫下了决心，一定要填平东海，免得再有人也像她一样淹死在那里。于是，它以自己的小小身躯挑战大海，每天都到西山去，衔来石子和树枝，把它们丢到东海里，不管春夏秋冬，从不停息。

这个故事所说的东海，当然不会是真正的大海（因为华夏民族在远古并没有触碰过海岸线），而应该是由于海平面升高导致中原大地上形成的超大湖泽。

精卫填海的故事非常悲情，其中的精卫鸟，很可能就象征着在大水灾中遇难的人们不屈而无奈的抗争。

这就是华夏民族第一波农耕浪潮，因为得到了"上天"太多的眷顾，而"刷爆"了气候的"信用卡"，最终不得不被"破产清算"。

但，这种"高利贷"是非常值得的，它使得华夏民族在创立之初，就能够被天地共同发放的各种大红包砸得豪情万丈，根本不屑于鬼神的诱惑，从而奠定了血脉纽带千秋万代延续的牢固基石。

五　不沉的华夏

华夏祖先开天辟地创立的农耕社会，虽然遭遇了导致海平面升高的全球性气候灾难，但沉没的只是固定资产，华夏民族没有沉没，因为我们有汾渭裂谷。

汾渭裂谷，这个地球的伤疤是一个多功能孵化器：当它涵养百万年的湖水时，孵化了从古人类到新人类，当它释放湖水制造了黄河之后，孵化了华夏文明，而它留下的湖盆又形成了渭河平原和汾河平原，这两个平原，虽然不是很大，但未来将对华夏文明升级换代起到至关重要的作用。

不过，在大平原被淹没之后，高海拔的渭河平原，首先发挥的是"救生筏"功能，它第一时间作为华夏大地的"二楼"，接纳了来自大平原上"一楼"的移民。

考古专家在渭河平原东部零河左岸的零口村，发现了零口遗址。

这个遗址起始点是7000多年前，一些专家认为这个遗址中有裴李岗文化元素，也有渭河平原的本地文化，是一个体现高原和平原两个阶梯文化交集的节点。

然而，在这个中原移民离乡背井的大转场过程中，我们的祖先一度是迷茫、惶惑甚至充满戾气的。

在零口遗址里，发现了一具引人注目的少女尸骨，她之所以引人注目，是因为她是被虐杀的，而且被虐得触目惊心！

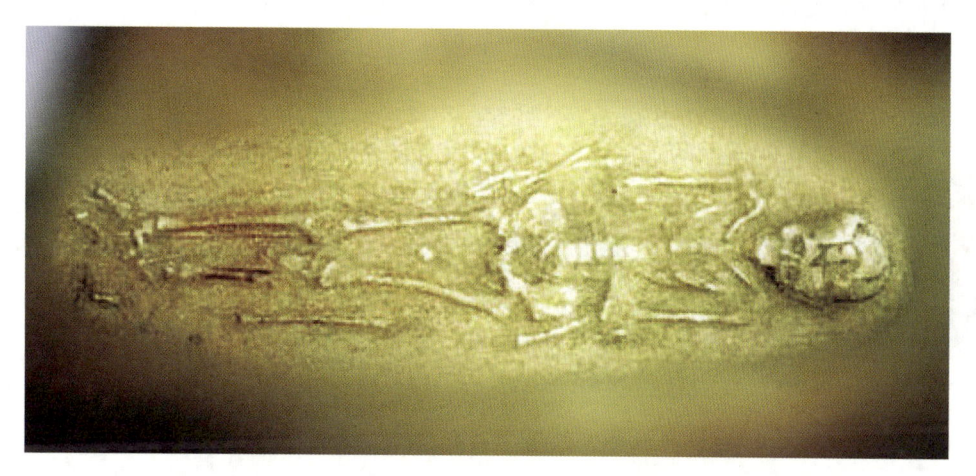

图 24　零口姑娘：触目惊心的暴力损伤几乎遍及尸骨的各处

专家发现，这具少女尸骨没有左手，整具尸骨共有35处损伤，分布于颅骨、脊椎骨、盆骨、骶骨及肢骨，受力于不同的方向。特别的是有三件骨器由其会阴部（生殖器）刺入小腹盆腔，有一件骨器至今还插在零口姑娘的坐骨上。

已经发现保存在尸骨内的骨器共18件，其中骨叉、骨笄各8件，骨镞2件。

结论是：死者为多人暴力残杀。经鉴定，死者为女性，年龄仅有15～17岁。

这个几千年前惨死的少女，被称为"零口姑娘"。

"零口姑娘"生前被虐得如此惨烈，专家认为，很可能是因为"零口姑娘"虽然经DNA鉴定确系女性，但从骨骼特征判断性别时，零口姑娘的眉骨及耻骨的女性特征并不明显，存在着一定程度的男性特征，甚至可能没有完整的女性的生殖器官（类似于"石女"），于是，氏族的人就把她视为邪恶。

零口遗址出现如此可怕的虐杀，更深层的原因很可能是那个时代我们祖先遭遇大水灾，部族在逃难中动荡迁徙，人口锐减，人们对生育会更加敏感，于是出现了变态虐杀发育不正常的少女（或是两性人）的"甩锅"暴力行为。

虽然虐杀行为非常的愚昧，但这也恰恰反映出，华夏祖先创建的拒绝鬼神、以血脉为核心的文明，必然会对生理传承极其敬畏，容不得任何瑕疵，以至于出现这种过激而荒唐的惩罚。

经过了几百年迁徙动荡之后，大约6800年前，渭河平原孵化出了一个新的社会，考古上叫作仰韶文化的半坡类型（仰韶文化是一个大系统，因最早在河南渑池县仰韶村发现而得名，半坡遗址是在西安发现的，但其属于最早的仰韶文化）。

图25 半坡彩陶鱼纹：简洁而带有装饰风格的鱼，张开的嘴表现出鱼的生动

图26 船形彩陶壶：上面绘制着渔网，传达的信息是半坡人已经可以驾船捕鱼

仰韶文化的半坡类型主要分布在海拔500米左右的渭河平原及周边，这个由汾渭裂谷的湖盆形成的"二楼"平原，接纳了来自沉没的"一楼"的移民。

大水灾之后，华夏大地上的生活形态发生了很大的裂变，半坡社会的主要产业由农耕变成渔猎。

考古人员不仅在半坡遗址里发现了很多渔猎的工具，以及很多吃剩的鱼骨头，还直接通过他们的"传媒"——绘画看到了半坡社会的生活场景。

半坡类型中出现的绘画，也是华夏民族最早的绘画（涂鸦当然就更久远了），由于它们都被画在陶器上，因此，仰韶文化也被叫作彩陶文化。

半坡的绘画里出现了大量鱼的题材，各种写实和抽象的鱼成为中国绘画源头的主要内容。这些鱼大多被画在煮饭的容器上面，这表明，半坡人把鱼当作主要的食物。

半坡陶器中，有一款两头尖的船形壶，在壶的腹部，画了一张渔网，这不仅说明半坡人能够用渔网捕鱼，而且也意味着半坡人很可能已经拥有了渔船，这让我们可以想象"船儿满江，鱼满舱"的壮观场景。

看来，半坡人在动荡的岁月里，选择了吃"快餐"的生活方式，因为农耕是需要季节和周期的，而打鱼则随用随取。

半坡人不仅把绘画主题和陶器器型完美匹配，而且还会在绘画中写"剧本"，创作故事性的场景，其中最经典的就是"人面鱼纹图"。

在半坡聚落遗址里有一种有盖的坛子，里面放的是小孩的尸体，埋入地下，这种葬法叫瓮棺葬。

图27 遗址里左下角的圆形陶罐就是瓮罐，专门用来安葬死亡的孩子，这种弥漫着呵护夭折儿童爱意的容器，也是中国绘画的起源之处

就在这些瓮棺盖子的内壁上，出现了华夏历史源头最著名的绘画——"人面鱼纹图"，从某种意义上说，这是一个微型的凝固"动画片"。

大部分"人面鱼纹图"的主题是一张圆圆、萌萌闭着眼睛的孩子的脸，很安详，很可能是代表死亡，脸的周围会对称地围绕着几对鱼，有些鱼的头部甚至已经进入孩子的嘴里。

这个"人面鱼纹图"的创意究竟是什么呢？

首先，它出现在安葬小孩的瓮罐顶部的盖子上，这是孩子们升天的方向，很明确的是有祈望早夭的孩子一路走好的寓意。

孩子表情安详，大概是父母希望他们去另一个世界的时候没有痛苦，或者用这种没有痛苦的孩子的表情来淡化父母们心中的悲痛。

图28 瓮罐盖子内侧的人面鱼纹图：类似的绘画在很多瓮棺的盖子上都有发现，其中乖萌安详的孩子的脸成为中国绘画史的重要里程碑

那么，画中出现的鱼是干什么的呢？难道是给孩子吃的食物吗？的确，不仅有两条鱼用嘴顶着孩子的脸颊，而且还有两条鱼的鱼头已经进入了孩子的嘴里，鱼身上的鳞也已经被清除，似乎这是半坡人在给孩子准备"冥途"干粮。

不过仔细看，可以发现，大部分画面中出现的鱼，都是一对一对的，虽然可以理解为是画工对构图平衡的一种考量，但不可否认，这也是明显的两性生殖的象征。

更值得注意的是，在很多鱼的轮廓周围，都画有密集的小点，或者类似小点的短线。

图29 人面鱼纹图：值得注意的是，这里的鱼和孩子的头两侧，以及上方的"X"交叉线上都有密集的小点，应该是象征鱼卵，更准确地说，这是一幅"孩童吃鱼籽图"

它们很像鱼卵，因为有些鱼是体外排卵受精。

显然，他们让孩子吃的重点不是鱼肉，而是鱼籽，很可能这是半坡人希望借用鱼多产的生育能力，来祈福他们的孩子尽快地托生回来。

这幅"人面鱼纹图"以丰富的故事性和隐含的情感，体现着一个不崇尚宗教的文明社会对血脉传承的高度重视，同时也衍生出华夏民族生育文化的核心诉求——多子多福，人丁兴旺。

可以说，华夏民族之所以能够长久地世代绵延和人丁兴旺，和这种在祖先血脉架构上形成的生育文化分不开。

这幅"人面鱼纹图"用人和鱼的故事向世人宣告：无论遭遇多大的厄运，华夏民族一定会生生不息！

这或许也能解释为什么疑似"石女"的零口姑娘遭遇到那么残暴的虐杀，在那个缺乏科学的年代，任何影响祖先血脉传承的生理缺陷，都会被认为是对氏族命运的危险诅咒。

在几百年的时间里，半坡人除了偶尔画个别诸如小鹿青蛙一类的动物之外，基本上都是画鱼。

图30 半坡中期彩陶鱼纹：画风更有装饰性，这幅画表现两条鱼的"爱情"

显然，半坡人充满情怀把鱼当成了吉祥物，因为鱼，既可以当食物，更有多子多福的寓意。

不过，半坡彩陶上对鱼的绘画表现风格，随着时间推移也在不断地变化。一开始是写实的，逐渐变为半写实，然后就有点抽象，最后就彻底抽象了，鱼的轮廓完全变成了线条和色块。

特别是他们对鱼的"爱情"的表现，更是手法诙谐，开始是连体的两条鱼，最后索性变成了一堆线条和色块。在其中，或许能咀嚼出我们祖先炽热的血脉情怀。

图31 半坡晚期变形彩陶鱼纹：这个画风彻底抽象了，但这就是晚期半坡人心目中的两条鱼的"爱情"，鱼身变成了三角形色块，鱼头被解构成两个眼睛和嘴的剖面

尽管遭遇天大的灾难，以及承受这种灾难带来的极大的社会动荡，甚至被迫转换生存方式，但是在半坡人的绘画里，不仅充满了生命繁衍的力量，而且始终没有出现和鬼神的"交往"，这表明，我们的祖先在精神上从来没有缺"钙"。

无论生活如何颠覆，命运如何裂变，从一出生就"接种"了八卦"疫苗"的华夏民族，在她前行的文明之路上，始终拒绝鬼神的"陪跑"。

六 力量之"圆(源)",血"圆(缘)"之美

就在全球海平面升高,海水倒灌,大平原被淹没的"至暗"时代,华夏部族在渡劫中,不仅用渔猎拯救了自己,而且在某种意义上,危难挫折反而促进了血脉文明的能量迸发。

6800多年前,在渭河平原上开始出现的大量半坡类型的聚落,普遍呈现出一种强悍的氏族凝聚力,或者说一种建筑构成的"物理"血缘纽带。

半坡聚落的颜值很高,一般都是采用多层同心圆的布局:第一层同心圆是中央广场;第二层同心圆是围绕中央广场有序排列的房子;第三层同心圆是一条巨大的壕沟。

图32 半坡聚落:这是由三个同心圆构成的向心力建筑布局,大房子是这个聚落的"大脑"。有趣的是,裴李岗文化流行"三角"风,半坡时代则推广"圆周"风,看来没点几何的功底很难在早期华夏社会"混"啊

当然,这个高颜值的同心圆聚落,除了展示凝聚力,也展示着美好,因为圆形的排列是没有等级的,这里的所有人和物都是氏族的公共财产,这是一个绝对坦荡、平均和无隐私的公平社会。

聚落里一般至少会有一间80~100平方米的大房子,专家认为,这间房子应该是聚落的"大脑",是首领召开会议、发布指令及分配食物的场所,簇拥着它的小房子大多很可能是男女"单身狗"的住宅(因为这个时代没有家庭),其中也有一些是临时的"配偶房",因为在一些小房子的周围,埋着很多婴儿的尸体(瓮棺葬)。

半坡房子的建筑质量有了很大提高，特别是他们发明了陶化技术，也就是让墙体的泥土在高温烧烤中变成类似陶质的状态，而经过陶化的墙体不仅结实，而且隔湿隔冷的功效会更好。这种"火烧房"非常实用，因为半坡人经常在水里打鱼，"老寒腿"很可能是一种普遍现象，所以，他们必须尽量地改善住宅条件，以利于身体康复。

但是，当居住质量和向心力发生矛盾时，半坡人毫不犹豫地选择了后者。

半坡聚落为了强调向心力布局，强调聚落公共中心的存在感，居然会让所有房子的门，几乎都不考虑类似阳光、通风和出行的生活需求，全部朝向中央广场，可以说，聚落为了展现凝聚力高于一切的强大意志，不惜付出"老寒腿"发病率，甚至婴儿死亡率升高的代价。

在聚落的外围，是工程量最大的同心圆——一条巨大的壕沟。

这条壕沟一般宽6～8米，高5～7米，相当于2到3层的现代楼房的高度，壕沟的总长度依据聚落的规模在300～400米。

有人计算过，半坡大壕沟的土方量，如果用4吨载重卡车来运输，需要一百多辆。在石器时代，这么大的工作量，如果仅仅用聚落里的几十间房子中的人力来完成，几乎是难以想象的。但当这几十间房子排成向心力的布局，而且连所有的门都统一意志朝向中心广场时，似乎就不用怀疑他们可以迸发的热血战斗力了，这种血缘纽带构成的"涡轮增压"式聚落造型，一定是远古时代最澎湃的"功率"输出。

半坡人之所以要挖这么宽而深的壕沟，一种解释是因为半坡人对洪水有畏惧，于是选择了远离河流住在山上，而山上野兽出没较多，壕沟是用来防范野兽的。

的确，大多数半坡的聚落都选择建在山坡上，不过，仅仅从防范野兽的角度来看，这条壕沟规模的确有点夸张了，根据专家调查，当时秦岭一带并没有太厉害的猛兽，最凶的就是熊、花豹、野猪及大熊猫，这些和人类相比处于食物链低端的野兽，不被人类捕猎就已经很幸运了，不可能自不量力地上门招惹人类，让自己倒贴成了锅中的"硬菜"。

可以说，半坡人完全不需要一条巨大到可以阻挡"恐龙"的壕沟去抵御普通野兽，在生产力如此低下的石器时代，这么劳民伤财地去做一件超出功能需求很多的事情，似乎不符合逻辑。

因此，有专家提出一种观点——挖这种巨大的壕沟，更有可能是为了防御人的入侵。

他们认为，渭河平原基本上不受海平面升高的影响，半坡人把聚落建在山坡上，主要不是为了躲避河流的洪水，更多的是依靠山坡的地形保护聚落，以利于更有效地对付敌人的攻击。

毕竟渭河平原不如大平原广阔富饶，因此，较小的生存空间和渔猎社会不太丰富的食物，往往会导致聚落之间发生冲突，于是，为了保卫氏族的安全，不仅要形成向心力体现强大的战斗意志，而且要挖超级壕沟来防范入侵者。

这种观点是有道理的，因为有一些大的聚落，就敢于建在平原上，比如临潼的姜寨。

姜寨是到目前为止发现的半坡类型最大的聚落，一般的聚落只有几十间房子，而它拥有一百多间，其中还有几间被很多小房子簇拥的大房子。专家猜测，每间大房子都代表着一个氏族，很可能姜寨是几个氏族合并在了一起，建立了强大的氏族联合体。

图33 姜寨聚落：姜寨是目前为止发现的半坡类型"巨无霸"聚落，有上百间房子，其中有几间大房子。这是一个很少见的选择在平原而不是半山上建立的聚落，很可能是基于多个氏族联合，人多势众，超有安全感

洪水破坏力极大，多大的氏族联合体也抵抗不了，但如果抵御人的攻击，这种体量较大的氏族联合体就有优势了。因此，姜寨"巨无霸"有足够的底气把聚落安置在平原上。

选择平原必然有很多的便利，取水，获取食物，都要比山坡上方便得多。看来渭河平原是一个以实力换取生存质量的社会，这个趋势将会逐渐导致大联盟的形成。

半坡人用多层同心圆，展示出他们有着极致的凝聚力，他们用渔猎的躯壳，传承了华夏农耕社会的灵魂——血脉纽带。

半坡聚落所展示的固化的建筑向心力，呈现着"力量之圆（源）"和"血圆（缘）之美"，这些漂亮的同心圆建筑如同绽放的花朵，盛开在渭河平原及其周边，形成了黄土高原上壮观的高颜值的血缘大联盟。

七 打鱼出身的炎帝

渭河平原上的半坡社会，遍布着充满力与美的聚落之花，不过，这些"花朵"散发着浓浓的鱼汤味。

一个在世界最优质的土地上诞生的农耕民族，虽然难忘鱼肉的救渡之恩，但如果长时间只满足于在聚落里晾鱼干，就会辜负裂谷长河创造的大好河山。

华夏部族每当要做重要的发展抉择的时刻，总会有关键领袖挺身而出。

考古专家在宝鸡市北首岭村美丽的金陵河畔，发现了半坡时期的一个非常重要的聚落。

这个聚落虽然没有同心圆壕沟整体环绕，却坐落在十几米高、非常陡峭、如同绝壁的河沿上，安防功能甚至胜过环壕。能占据这么优越的地理位置，表明这个聚落在半坡社会中的地位不一般。

果然，专家在这个风景优美的河畔聚落里，发现了一片6000多年前的特殊墓地，其中有十几座"豪华"单人墓葬。

半坡时代，社会财富很平均，一般人只随葬一到两件陶器，但这些"豪华"墓葬里随葬陶器的数量，却能达到人均七八件，而且还有很多其他的高档随葬品。

显然，这个群体是在半坡社会中受尊敬的人物。

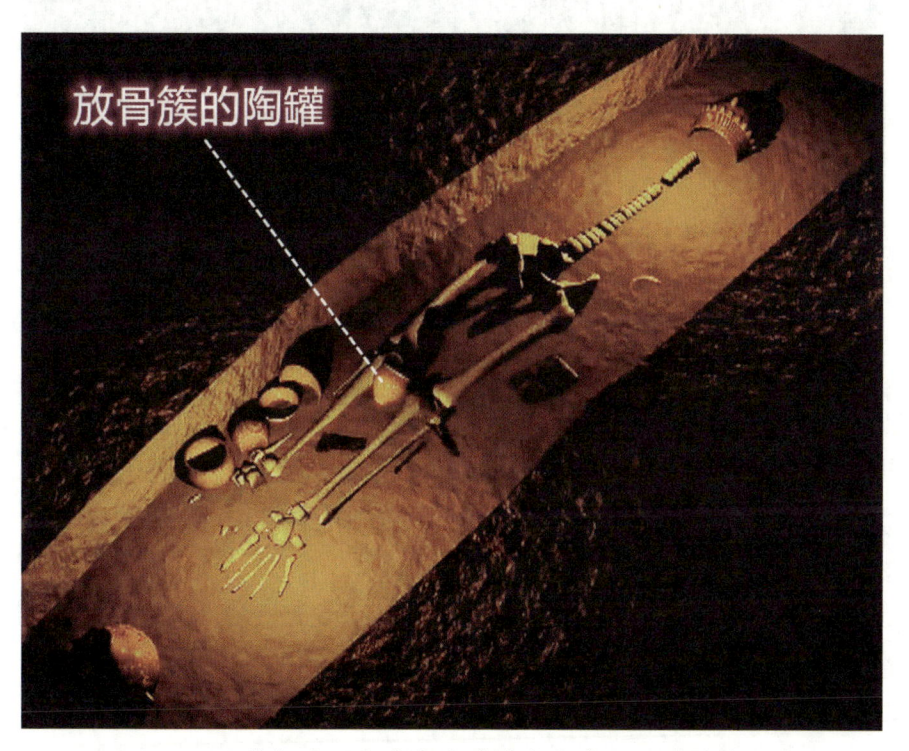

图34 M17号墓复原：这片豪华墓地中年代最早的墓葬，有九件陶器和很多渔猎工具随葬，不过考古学家最大的困惑是这副尸骨没有头

在这个墓葬群中，年代最早的是 M17 号墓，墓主人随葬品非常丰富，有 9 件陶器，另外还有很多骨制的器物。

图 35 放在陶罐里的骨镞复原图：一种高级渔猎工具，它代表渔猎权威

这是一种一尺左右长，像箭一样两头尖的骨镞，没有箭尾，不能用弓发射，因此，专家认为，这是半坡人发明的用于抛掷或者绑在树棍上使用的高级渔猎工具。它们被很有仪式感地摆放在身体中轴线上，很可能是代表渔猎权威。

图 36 骨镞：它不适合发射，因为没有尾翼，但可以近距离投掷，或绑在棍子上挥舞，是渔猎的利器

墓主人的随葬品清楚地表明，在这个时代，华夏部族重渔猎而轻农耕。

但奇怪的是，这个墓主人没有头，他的头部位置，被一个类似头盔的陶器所替代。

这个无头墓主人，让人们想起了比他更早的裴李岗文化的贾湖遗址，因为在那里也曾经发现过一个无头的"大人物"。

看来，华夏早期社会的重要人物缺失头颅的这个现象，不是孤立的，居然在前后两个不同的社会中都出现了，难道华夏古代领袖是一个风险很高的职业吗？

或许真的是，因为直到今天，我们还能看到这种远古牺牲"奉献"的活化石。

在宝鸡附近离北首岭十几千米的赤沙镇，有一种全国唯一的古老的血社火表演，这种血社火就是用各种血淋淋的方式自虐，比如用刀、锄头、剪子等凶器砍自己的头，或者把利器插进自己的胸膛，这些扮演者通过各种残酷的自我"伤害"表演，让人们得到畸形的快乐。

图 37 血社火表演：这种场景虽然破绽很多，但气氛很到位

不知道这种血社火是否可以解释华夏早期墓葬里的祖先会屡屡"缺失"头颅，但它至少可以让我们知道，中国古代是有为公益献身的"自虐"文化的，而首领往往首当其冲，因为我们是用血脉传承文明，没有神的光环，华夏首领更多的是要在公益道德的示范上赢得威望，甚至不惜牺牲生命。

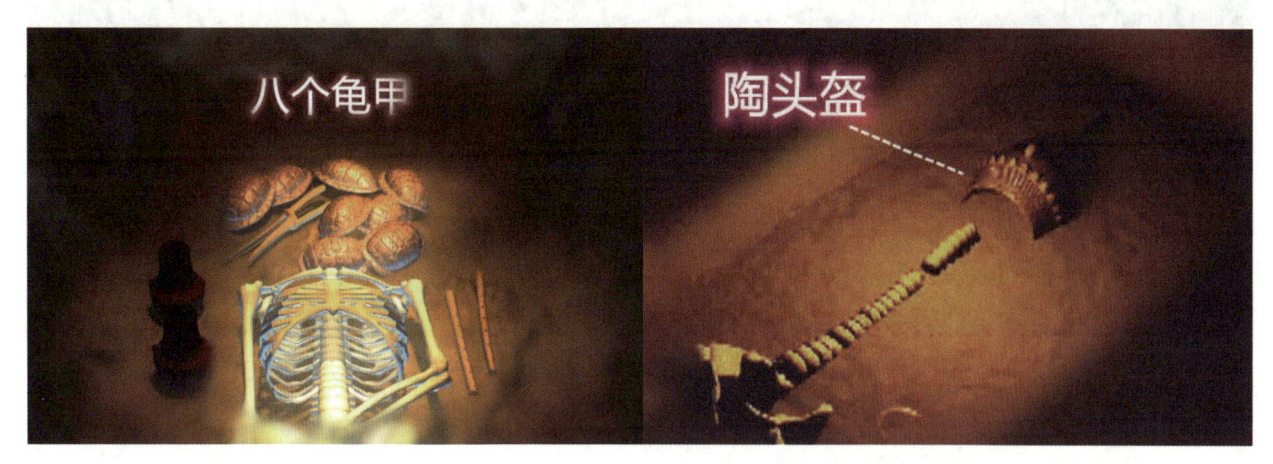

图 38 8000多年前的贾湖无头墓　　　　　　图 39 8000多年前的北首岭无头墓

贾湖的智者头颅的位置摆放了八个龟甲，似乎显示着这个智者为了八卦被认可而献出了自己的头。

那么，北首岭的首领为了什么而献头呢？

北首岭的首领头颅的位置放了一个陶制的头盔，头盔的造型已经很特别，但更特别的是在这个头盔上画着两个奇怪的符号。

33

裂谷 长河 悠悠中华

图40 替代头颅的陶头盔复原图：这个"头盔"像是定制的，上面没有画鱼，而是有两个奇怪的符号

在一个处处画鱼的半坡渔村里，这两个符号很另类，它们难道是这个头颅消失之谜的答案吗？或许就是！

考古人员在这个豪华墓葬区的另一个年代略晚的墓里，似乎发现了其中的逻辑线索。

这个是M4号墓葬。

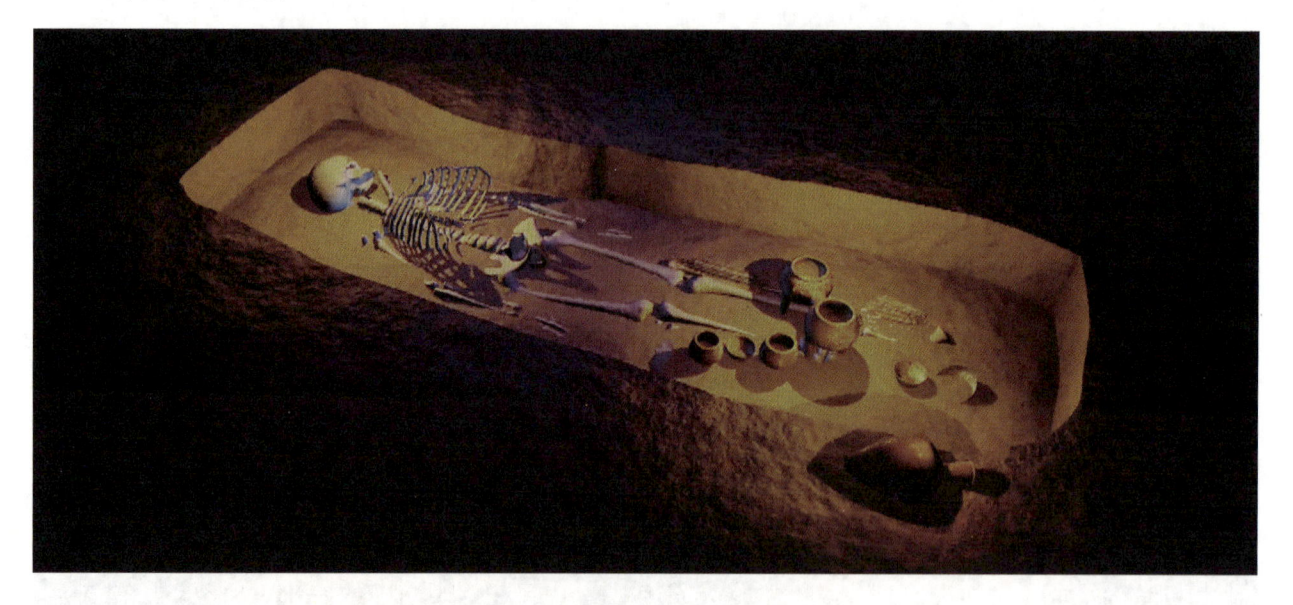

图41 M4号墓葬：有8件陶器和一把蛇纹岩制作的石钺

这个墓主人的头和身体是完整的，除了有8件陶器和一些骨镞以外，特别引人注目的是，这里出现了一把制作精美的石钺，它是用含有晶体光泽的蛇纹岩制作的，是仅次于玉的贵重石材。

石钺是从农耕工具——石斧衍生而来，属于高级石斧，它已经超越了工具单纯的功能而体现着农耕权威的意义了。

这把石钺没有孤单出现，考古人员在同一墓葬区年代更晚的M11号墓里，也发现了一把石钺。

在墓葬里连续有权威性农耕工具——石钺出现，很可能意味着在半坡社会晚期，首领们开始重视农耕了。

图42 墓葬里的蛇纹岩石钺：蛇纹岩制作的石钺带有初级玉的品质，它代表农耕的权威

那么再回看无头首领头盔上绘制的图案，似乎就有了逻辑，因为这个图案很像钉耙一类的农具，这种农具在远古一般是木棍制作的，特点是多齿，而头盔上的两个图案，一个是三齿，一个是四齿，很可能就是在表现这种农具。

图43 钉耙和头盔符号的对比：这种农具在没有金属的远古一般是用木头制作，所以很难保存下来

由此看来，这个画在头盔上的很像农具的符号，或许就是大首领奉献头颅的遗愿——重启农耕！他用献头行为去激励和召唤部族的民众重新拿起农具，也让后来的继承者坚定了向农耕转型的决心。

钉耙很可能因为是木制的，没能保存下来，但陶盔上留下了这个伟大的符号，它质朴地讲述了华夏民族的首领"抛头颅，洒热血"引领文明前行的大转折的故事。

可以说，在华夏文明的前期发展进程中，有两颗首领的头颅价值千金：一颗促使了八卦的诞生，一颗推动了农耕的重启。

我们必须向这两位用自己的头颅推动华夏文明进步的祖先致以崇高的敬意！

在半坡类型其他的墓葬里，随葬石斧很罕见，而像北首岭墓葬里出现的高级蛇纹岩石钺，更是绝无仅有。

因此，位于金陵河边的宝鸡北首岭聚落，很可能就是半坡社会大首领的居住地。

那么，这个大首领是谁呢？

根据上古传说的华夏领袖谱系，伏羲、女娲的"辈分"最大，他们和华夏第一拨农耕社会——裴李岗文化契合，而传说的炎帝，比他们要差一辈，应该和第二拨渔猎社会——仰韶文化的半坡类型对应。

古代文献《大明统一志》记载：炎帝神农氏长于姜水，在宝鸡县南七十里。

古书提到的姜水，被认为是今天宝鸡的清姜河。清姜河离金陵河只有十几千米，在古代尺度上，这和北首岭墓葬的地理位置几乎完全重叠，传说和考古无限接近。由此可以判断，在宝鸡北首岭发现的豪华墓葬群，很可能就是传说中的炎帝墓。

图44 炎帝祠：渭河平原上最大的纪念炎帝的建筑，附近还有炎帝陵，它离北首岭很近，这似乎不是碰巧"遇见"

宝鸡的常羊山上，有一座规模宏大的炎帝陵，炎帝陵里有炎帝祠，炎帝祠里有一座纪念炎帝的大殿，殿外悬挂着很多黄色的灯笼和旗帜，显示着人们对华夏伟大的农耕领袖，带有黄土色彩的敬意。

史书记载，自秦以来历朝历代很多的皇帝，都会在宝鸡祭祀炎帝，可以说，宝鸡，就是人们心目中的炎帝的故里。

传说和考古发现居然又一次殊途同归了，看来，文明密码在传说中是存在的，但需要我们的考古破译和校对。

很多史书称炎帝为神农，《白虎通义》记载，神农因天之时，分地之利，制耒耜，教民耕作，神而化之，使民宜之，故谓之神农也。

这个意思是说，炎帝神农，根据天时地利，发明制造耒耜（一种耕地的农具），教导农耕技巧，使得百姓能够把田地种好，因此在人们的心目中炎帝是神一样的农业导师。

这里的"因天之时，分地之利"和"制耒耜，教民耕作"是关键词，这很可能是指炎帝看到了气候的新变化，认为种地的时机到了，于是开始制作农具，教导因常年打鱼而疏远了土地的民众农耕技术。

在汉画像砖里，炎帝拿着一把叫作耒耜的农具，这和北首岭无头首领的头盔上画的图案颇为相似。

总之，无论考古发现还是史书，都显示着华夏大首领——炎帝率领部族重启农耕。

北首岭墓葬里的死者，如果就是传说中的炎帝，那么炎帝的形象是由多个不同年代的首领共同组成。

他们领导了灾后重建，一方面用渔猎救急使华夏文明的火种不灭，同时，在渡过了危机之后，及时调整生存战略，重启农耕。

在重启农耕的过程中，很可能渔猎使民众产生惰性，为了明晓大义，说服民众，其中的一个炎帝甚至献出了自己的头颅。

在这个意义上，神农的光环赋予炎帝毫无争议！

图45 炎帝图：汉代画像砖，炎帝用耒耜耕地，这个耒耜有点像头盔上的符号

八 二次葬——灵魂最亲密的物理空间

华夏半坡遗址用遍布渭河平原及周边的多层同心圆聚落展现了一个非宗教文明在渡过至暗时刻之后，强势迸发出的血脉凝聚力。

然而，这种血脉凝聚力不只是通过地表建筑美学呈现，在黄土之下，还有更震撼的在"血脉港湾"中航行的灵魂"舰队"。

考古人员在渭河平原东部的渭南史家村的田野里，发现了6300年前开始出现的一种特殊的墓葬形式——集体二次葬。

二次葬就是等死者的肉体完全腐烂了以后，再把尸骨挖出来，换个地方重新安葬。

史家村的这个集体二次葬之所以特殊，是因为墓地总人数700多人，如此大型、厚重、纯粹、密集的二次葬，前所未见。

史家墓地的死者分葬在50多个墓坑里，其中最大的墓坑是M30号，有40多人合葬。

二次葬极有仪式感，所有尸骨都像组合积木似的被精细地叠成半身方块，虽然尸骨被缩小了尺寸，但尊严丝毫不减。这些方块排列整齐，首尾相连，头足相抵，如同要长成一个血脉相通的生命共同体，体现着氏族成员同气连枝的强大亲情纽带。这种向死若生的死亡美学，令人惊叹！它似乎又像一个灵魂仪仗队，向世人宣告：血脉的力量源于灵魂的亲密。

根据考古发现，这种大规模的二次葬，广泛分布在渭河平原东部，专家认为它们属于仰韶文化半坡类型新的分支，因为是在史家村首先发现，就被命名为仰韶文化的史家类型。

图46 史家二次葬M30号墓坑资料图片：40多人一起二次合葬。这些尸骨被精致地叠成方块，排成阵列，如同长成了一个生命共同体

目前发现史家类型最大的遗址是位于临潼的姜寨。

姜寨原本是一个半坡类型的巨无霸大聚落，有一百多间房子，是多个氏族组成的联合体，烟火气很旺。不过，到了史家类型的时代，整个聚落人走房空，基本上成了废墟。

但就是这个废弃聚落的心脏——中央广场，被开发成为史家类型二次葬的墓地，这个墓地在考古上被叫作姜寨二期，其中埋葬的死者居然有2000多人。

如此庞大的尸骨"军团"分葬在近百个大大小小的墓坑里。

图47 姜寨多层二次葬复原图：尸骨仓储式地安放

其中最大的是M205号墓坑，一共有80多人葬在一起，这么多的尸骨不仅叠成方块，形成整齐的阵列，而且采用"仓储"式的分层叠压，每层20人左右，一共有四层，如同一艘灵魂"航母"。

这种"仓储"式的立体葬，可能是想让每个灵魂都能多维度地感受到亲情，并且希望这种亲情在致密的物理空间里叠加为更强大的血脉共同体。

姜寨二期的墓地里，有很多这样的灵魂"仓储"，他们如同一个庞大的灵魂"舰队"，共同驶向祖先怀抱的港湾。

史家类型二次葬表现出的波澜壮阔的、在亲情血脉中航行的灵魂，足以令我们震撼，驱动我们去审视我们基因中哪些染色体的片段上，铭刻着这种伟大的凝聚力，这个作为炎黄子孙无法"挣脱"的血缘纽带，很可能就是在几千年前，在如此致密的灵魂阵列中以脱氧核糖核酸的形式，隆重写进了我们的遗传密码，植入了对华夏血脉的深度依恋和忠诚的"芯片"。

一般考古观点认为，姜寨二期属于史家类型，和半坡时期的姜寨聚落没有关系，因为他们的文化面貌明显不同。

但是这无法解释为什么姜寨二期会把原来半坡姜寨聚落的中央广场，这个具有氏族心脏意义的核心位置当成墓地。

在氏族时代，墓地体现着血缘的绝对排他性，是只允许自己氏族成员使用的特权待遇，尤其二次葬，一般情况是把客死他乡的民族成员的尸骨运回来才会举行的仪式，肯定对墓地的审查格外严格，不可能把千辛万苦带回家的自己的族人葬到别人的家园里。

因此，虽然半坡的姜寨和史家的姜寨二期不属于同一个考古类型，但这很可能是因为两者之间存在一个断裂的时空代沟。姜寨二期的二次葬的死者，或许就是半坡时期从姜寨走出去的前辈。而且，原本半坡姜寨就是一个"巨无霸"大聚落，而史家姜寨又是一个"巨无霸"大墓地，两个不同类型的"巨无霸"的"撞车"，或许不是巧合，而是姜寨的后人与前辈跨时空的血脉焊接。

令人感慨的是，这些客死他乡的氏族成员离开半坡姜寨的时候，聚落应该还炊烟袅袅，欢声笑语，但迎接他们尸骨的，却是残垣断壁，萋萋荒草。但只要家园故土还在，祖先的气场还在，这些尸骨亡魂哪怕跋山涉水也要回来。

处处青山埋忠骨的观念在那个时代是决不被接受的，因为每一个氏族的灵魂，都有专属的"户籍"编号。

家园——血缘的诞生地，是有记忆的，记忆是有温度的。

不过，史家类型大规模的二次葬，虽然吹响了华夏民族血脉纽带的灵魂最强集结号，但也暗示着一些特殊事件的发生。

目前考古只发现了几处史家类型的墓葬群，有几千具尸具，那些没有被发现的还不知有多少，专家估计，整个史家类型的二次葬，很可能会是万人以上的规模。

这么多人客死他乡，是为什么呢？

据统计，在那些二次葬的死者里，最多的是男人，这和正常的死亡规律是不同的，因此，一些专家推测，能够导致大量男人在外面死亡的原因，大概率是战争。

如果是战争，那么与谁争战呢？为什么而战呢？

史家类型的二次葬基本上都分布在渭河平原的东部，这意味着战争的对手和战争地点很可能在东方。

九　黄帝是盐老板

东方，的确崛起了一股充满朝气的新势力。

考古发现，在6000多年前，汾河平原的南部和河南西部的黄河河谷一带，出现了一个新的部族，叫作仰韶文化庙底沟类型（由于最早的遗址是在河南陕县的庙底沟村发现的，因此而得名）。

专家认为庙底沟类型来自半坡类型，但他们属于改革派，因为庙底沟社会中渔猎工具明显减少，农耕工具大量增加，很可能，庙底沟部族是半坡高层决定重启农耕的最积极的响应者，也是向农耕转型最强大的一支力量，于是，一些特别坚定改革的首领就拉起队伍离开渭河平原到外面自主创业了。

不过，尽管庙底沟通过改革创业，社会形态变化很大，但他们和半坡之间的情怀纽带依然在传承。

初看上去，庙底沟彩陶上的绘画已经从鱼变成植物的枝叶和花卉，图案中枝蔓缠绕，花朵绽放。但经过仔细剖析，专家发现庙底沟的很多彩陶图案，其实都是伪装的花和枝叶，本质上依然是鱼，只不过解构得十分巧妙。

图48　庙底沟彩陶图案：有很多初看很像花卉和枝叶，但实际上还是鱼

其中有一种比较典型的图案，它们选择了鱼头和鱼尾，把鱼身隐藏了，然后让这些头尾的变形元素循环重复，无缝环绕，达到"冒充"花卉和枝叶的效果，这种巧妙而又浪漫的设计，很可能寓意着爱情和繁衍。

图49　庙底沟彩陶鱼纹解析1：这是一个企图伪装成花卉和枝叶的无缝循环的鱼的身体元素的图案

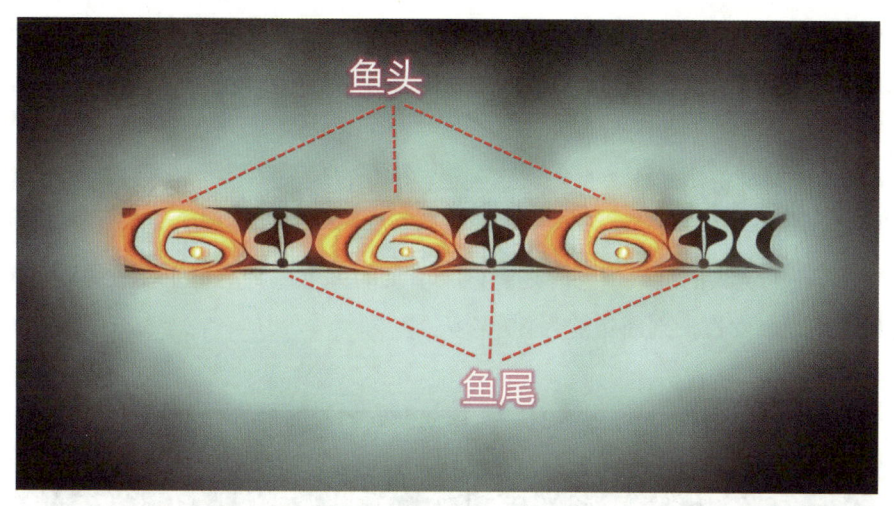

图50 庙底沟彩陶鱼纹图案解析2：这个图案其实是"切割"的鱼，只保留了鱼头和鱼尾，图案设计隐晦而俏皮，很可能是暗喻爱情和生殖

看来，庙底沟部族毕竟源自半坡部族，虽然这个时候他们已经大张旗鼓地改革旧弊，放弃渔猎，开展了农耕，但当年作为救急食物和承载多子多福寓意的鱼，依然在情感和审美中延续，于是，他们用更符合农耕社会氛围的花卉枝叶的形态，把鱼俏皮地表现出来。

考古人员在河南灵宝市阳平镇的西坡村，发现了庙底沟类型的一个建筑群，其中最大的一座"宫殿"占地面积达到516平方米。

这个"宫殿"设计得很巧妙，它采用四周回廊，在视觉上加强了建筑的规模感和庄重感，又避免了建筑体量承重过大。

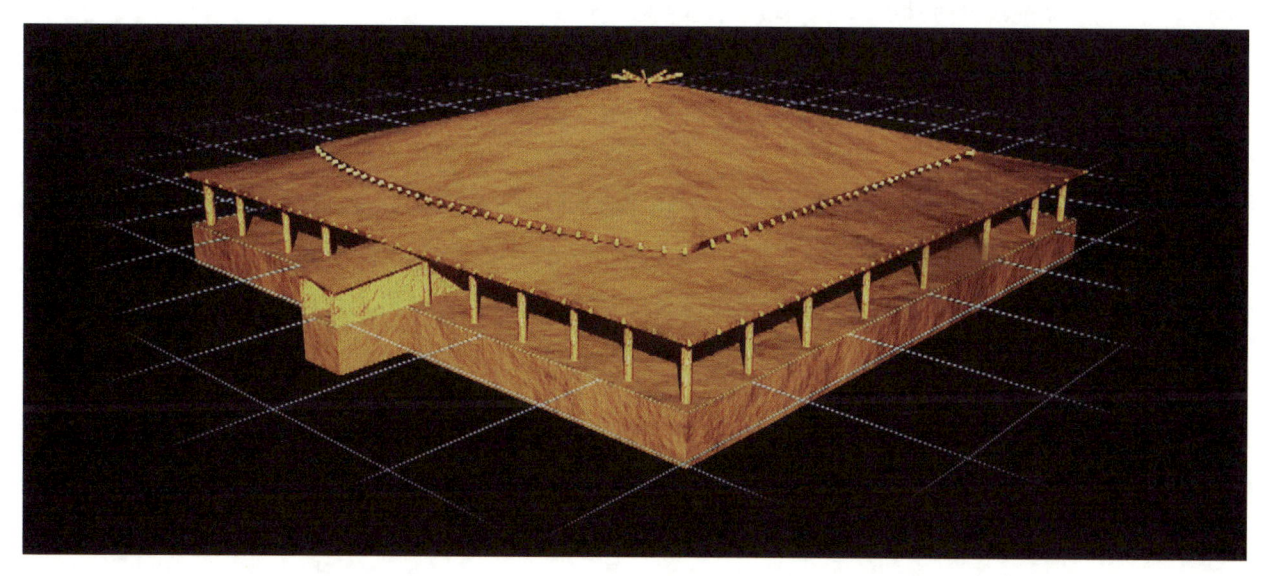

图51 5000多年前西坡"宫殿"复原图：这是中国那个时代最大的建筑，500多平方米，它采用四周回廊设计，巧妙地以较小的承重扩大了建筑的整体规模

在这间大"宫殿"的周围，还发现了一些中型建筑，面积在200平方米左右，它们共同构成了5000多年前的庙底沟公共活动核心。

这个庞大的建筑群显示着庙底沟部族改革转型获得成功，社会资源掌控力明显提升。

考古人员在西坡发现了一个和大"宫殿"同时代的墓葬群，其豪华程度甚至要超过北首岭的墓葬群，显然，他们是庙底沟部族改革创业的带头人。

但是，这些人的性别身份，却让考古专家感到很诧异。

墓葬中年代比较早的是 M31 号。

这个墓葬群中有一个宽大的墓穴，同时还有一个下沉的脚坑，脚坑里主要放置随葬的陶器，大约有 15 件，墓中的死者是一个女性，判断年龄为 30 多岁。

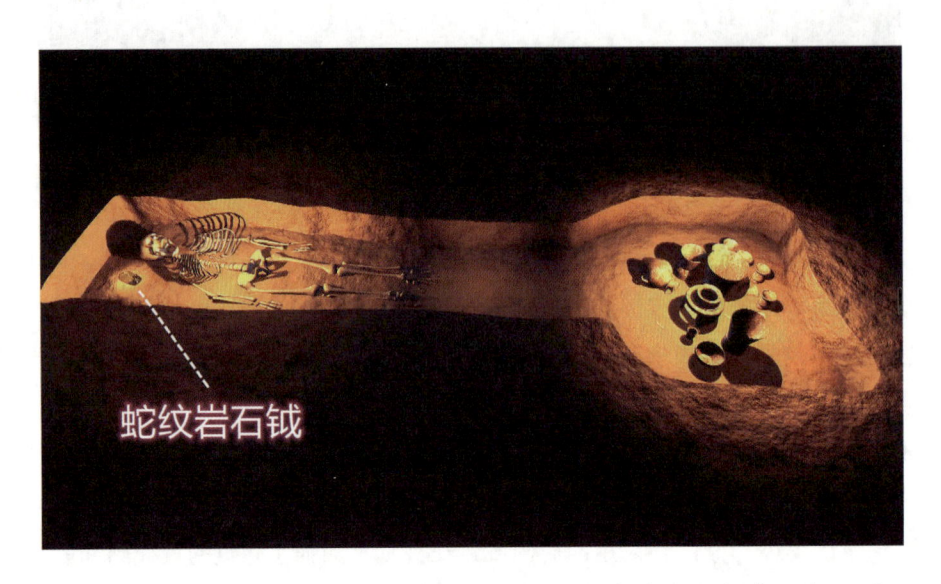

图 52　墓葬 M31 复原图：墓主人是女性，她的头右侧有一把石钺，是蛇纹岩的材质，这种权威待遇罕见于女性

重要的是在女性墓主人头的右侧，放着一把象征权威的蛇纹岩制作的石钺。

在半坡北首岭的墓葬群里，几乎是绝对清一色的男性首领构成，庙底沟部族却出现了女性，而且这个女性不是以附属于男性的身份出现，她是一个独立的掌权者，因为附近没有任何的标志证明她隶属于另一个男人。

难道庙底沟类型的部族是一个独特的延续母系权力的女王社会？带头人是一个大姐？

也不是。

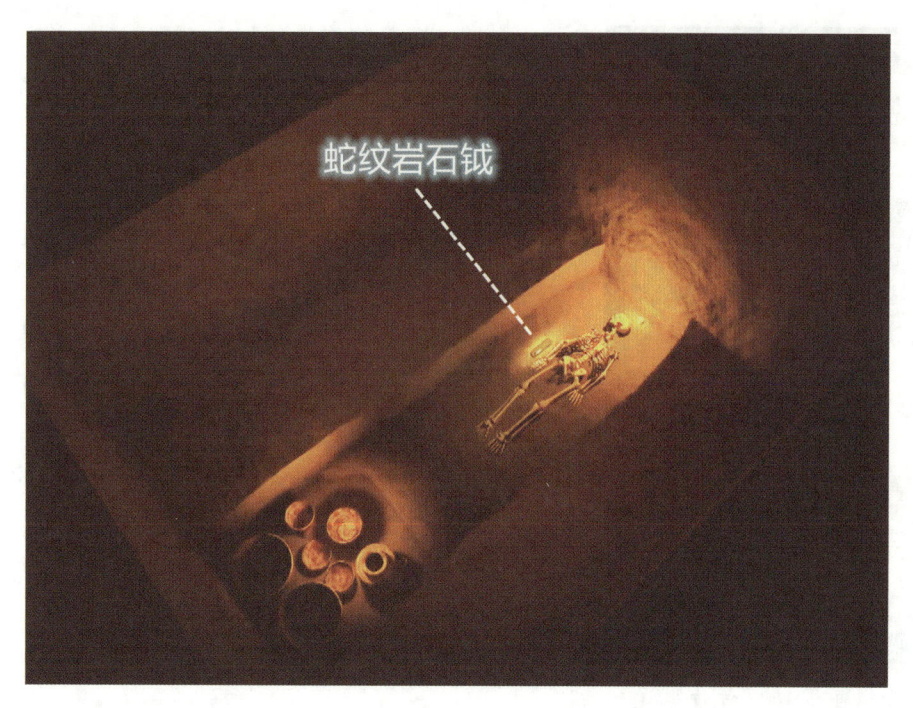

图 53 M8墓葬复原图：墓主人是男性，右臂附近有一把蛇纹岩石钺

年代稍晚的 M8 是一个大墓，它有一个相当大的墓圹，墓圹中有一个二层台，构成墓穴。这里葬着一个男性，他的脚坑里有八件陶器，在他身体的右侧，也放着一把蛇纹岩的石钺，彰显着这个人的尊贵和权威。

图 54 M8墓葬复原图2：墓主人右臂旁的一把蛇纹岩石钺，由于黄河中下游流域被黄土大量覆盖且缺少玉料，所以蛇纹岩已经是很尊贵的了

一男一女都有石钺，显示在这个时代，庙底沟部族的男女都可以成为首领。

据考察，西坡这个墓葬群中，不仅男性和女性都有蛇纹岩石钺，在性别上很平均，甚至女性还特别受到重视，有一个编号为 M22 的墓葬，墓中的死者居然是一个 16 岁的"小姐姐"，也随葬了一把蛇纹岩石钺，而 M34 墓葬里的死者，也是一个未成年少女，14 岁左右，居然随葬了两把蛇纹岩石钺。

庙底沟部族中，女性有如此高的地位，而且拥有石钺的年纪可以如此之小，令人意想不到，那么，墓葬里是什么人呢？

根据史书记载，在炎帝的同时代，还有一个著名的华夏大领袖，叫黄帝。

《史记·封禅书》记载，黄帝采首山铜，铸鼎于荆山下。

灵宝市的荆山，恰恰有一个黄帝铸鼎园，离西坡墓葬遗址很近。

图 55 黄帝像画像砖：黄帝也是一个群像，由很多个首领共同组成，存在的年份至少跨越1000年

图 56 5500年前的蚕丝织物残片：仰韶文化庙底沟类型荥阳青台遗址出土，这种生物制品能够保存下来实属难得

在铸鼎园里铸着三个大鼎，园里还有唐朝建造的黄帝陵，传说黄帝曾经在这里统领万民，号令八方，并且最后在铸鼎园升天——逝世。

传说和考古又一次精确重叠，因此，这个位于灵宝西坡的庙底沟豪华墓葬群，很可能就是华夏历史上与炎帝齐名的大首领——黄帝氏族的墓地。

在上古传说中，炎帝没有提及夫人，而黄帝不同，传说他有一位著名的夫人，叫嫘祖，她是公认的中国最早的第一"夫人"，也可以称之为"王后"。

北宋建隆元年的一篇疏文曾经赞颂嫘祖的功绩：教民养蚕制丝，无须树叶蔽体；脱渔猎以事农耕，制衣裳而兴教化。

这个意思是，嫘祖的贡献和华夏民族脱离渔猎、发展农耕有很大关系，因为农耕可以种桑，从而"养蚕制丝"制出衣服给百姓穿，而有了衣服的百姓才能摆脱树叶蔽体的生活而变得"有教化"。

可见，人们转向农耕除了得到更充足的食物以外，也得到了更丰富的生活资源，其中种植桑麻，制丝做衣的"教化"非常重要。

考古人员在河南荥阳青台的一个5000多年前庙底沟类型的遗址中发现了丝织物残片，在另一个汪沟遗址的瓮罐里，发现了包裹孩子尸体的碳化丝织物。这些世界上最古老的丝织物，都出现在庙底沟时代，也就是传说的黄帝时代。

这些发现表明，关于嫘祖与丝绸的传说，是有考古根据的。

很可能庙底沟部族的女人在桑蚕制丝方面的贡献促进了部族从渔猎向农耕社会更彻底的转型，她们用衣裳塑造人们新的精神面貌，从而推广教化让部族更加壮大，这种功劳，是完全可以和男人的贡献媲美的，所以，庙底沟的女性就能得到首领待遇，有象征权力和尊重的高级石钺随葬。

这也能解释为什么庙底沟的未成年少女和"小姐姐"也能随葬玉钺，因为她们很可能是年少有为的缫丝制衣能手。

那个时代当然不会有家庭，但由于女人的蚕桑制衣工作推动了社会进步，地位很高，所以，后来的史书就把男女"黄帝"，硬生生组合成了一对"黄帝和嫘祖"，从而迎合后来的男权主义，让女人以附属于男人的形象出现。

西坡墓葬证明了，在丝绸刚刚被发明的那个时代，华夏女性的地位达到了前所未有的高峰，她们可以和男人平起平坐，共享尊荣。

丝绸的发明，不但让遮体的衣服变得高级，而且让中国的礼仪教化有了更好的物质基础，中国之所以成为礼仪大国，丝绸的发明功不可没。而礼仪，是华夏文明最耀眼的光环。华夏两个字，被内涵为美的（华）礼仪（夏），很可能就是从这个时代开始。

庙底沟新势力崛起，他们必然和半坡部族发生冲突。从考古来看，庙底沟势力明显占有优势，不断地压缩半坡部族的地盘。

这种情况，很可能就成为一场战争的背景，而这场战争就是著名的炎黄大战。

《史记·五帝本纪》最早和最完整地记载了炎帝和黄帝两个部族之间发生的战事：轩辕之时，神农氏世衰。诸侯相侵伐，暴虐百姓，而神农氏弗能征。

神农氏是炎帝家族，轩辕是黄帝的名号，这里说的是，在轩辕黄帝的时代，炎帝部族大乱，百姓受虐，而神农（炎帝）居然在其任不谋其事。

《史记·五帝本纪》继续写道：轩辕乃修德振兵，治五气，艺五种，抚万民，度四方，与炎帝战于阪泉之野。

这里对炎帝是用了贬的态度，而对黄帝则大加赞誉，特别是提到黄帝修行德业，提振士气，这就和礼仪的创建，教化的推动有关，庙底沟部族女性"黄帝"在这方面显然有优势。

那么，为什么炎帝和黄帝要在阪泉这个地方开战呢？

这似乎和一种特殊的物质有关。

那就是盐。

人类进入新石器时代，或者说进入农耕社会，饮食结构发生根本改变，粮食成为主食，这就使人们失去了以往从猎物的肉中获得盐的途径。盐是维持人体正常新陈代谢的一种必要元素，人体缺盐，肌肉就会萎缩，身体抵抗力就会降低，直至患上各种疾病。因此，盐是农耕社会人们不可缺少的"伴侣"。

伟大的汾渭裂谷又一次当了孵化器，它在给我们制造了一条创世的黄河之后，产品跟踪服务一点也不含糊，每当华夏民族发展遇到瓶颈，它都会妙手解决。

汾渭裂谷的东南边界是中条山，这个中条山就是造盐机器。因为中条山像一堵墙，拦截着南来的海洋季风，形成大量的降雨，这些雨水把山上很多的化学元素冲入北面的汾河盆地里，而这个盆地由于特殊构造如同铁打般结实耐用，可以在几万年甚至更长的时间里累积沉淀这些化学元素，最终形成盐湖。

可以说，盐池是汾渭裂谷制造黄河附带的赠品，汾渭裂谷不愧为华夏文明的孵化器，它为农耕社会服务得真是太完美。

这个裂谷形成的盐湖有好几个名字，如解池、河东盐池、安邑盐池及运城盐池，等等。在中国所有的自然盐矿中，这个盐池因为靠近中原腹地，就成为华夏文明最重要的盐矿资源。可以说，如果只有黄河，没有这个裂谷制造的盐池，华夏文明和农耕社会或许就很难集结成一个大文明，因为一个集中的、富有的盐矿资源，不仅可以提供大量的盐，而且还可成为国家权威的控制手段。

由于盐的稀缺，统治者可以把盐当成管理工具，一旦控制了盐的分配，也就控制了老百姓。实际上，盐还是提款机。国家要想迅速地在财政上强大起来，往往把收缴盐税当成最快捷有效的手段。

历史上运城的盐池的盐税，曾经占历代朝廷收入的 1/8。

而传说的炎黄大战，很可能就是对这个盐池的第一次争夺。

史书《梦溪笔谈》记载：解州盐泽方一百二十里……在阪泉之下。

这里提到"阪泉之下"的解州盐泽就是今天的运城盐湖，炎黄大战也叫阪泉大战。

图57 运城盐湖：盐，白色的黄金，中国农业社会的最大财政来源之一，不管什么朝代，看到它都会眼里放光

《史记》记载黄帝："与炎帝战于阪泉之野。三战，然后得其志。"这是说黄帝经过三次大战，最后才打败了炎帝，赢得了这场战争，夺取了对盐的控制权。

这场战争一定是持久的，因为，三战这个数字很可能是多次战斗的模糊表达。

史书记载炎黄大战"血流漂杵"，战况相当惨烈。

史书上的描述，我们很难分辨其真实性，只能依靠考古来校正和补充。

而这场大战的考古证据，很可能就是渭河平原东部大量的二次葬，那些被运回来重新埋葬的尸骨，特别是其中占多数的男人，他们很可能就是炎黄大战中的阵亡者。

这些阵亡者被排成了多层次立体的队形，一方面可以是对极致血脉亲情的解读，另一方面或许是某种战斗阵列的再现。

值得关注的是，姜寨二期二次葬埋葬了2000多人，尽管半坡姜寨是一个巨无霸聚落，但也不可能同时有2000多人出征，因此，很可能这个聚落在很长时间里，一代一代不断地输出自己氏族的战斗人员，所以，才累积了这么多的阵亡者。

也许，这场战争在庙底沟正式地分化出去之前就已经开始了，毕竟庙底沟类型不是突然蹦出来的，它应该有一个在半坡内部的渐变过程，那些拉队伍出来独立创业的人，也就是后来的"黄帝派"，很可能会和保守的"炎帝派"的人发生冲突，直到这种冲突发展到最后的炎黄大战。

当然，这只是推测。

史书记载是黄帝打败了炎帝，在考古上的表现是庙底沟部族很快就覆盖了半坡部族。

这种覆盖，在某种意义上，就是一个穿着丝绸，有着礼仪教化的农耕部族，对一个还穿着树叶鱼皮的半鱼半农的部族的碾压。

虽然庙底沟人对鱼还有情怀，但生活中鱼的重要性实际上

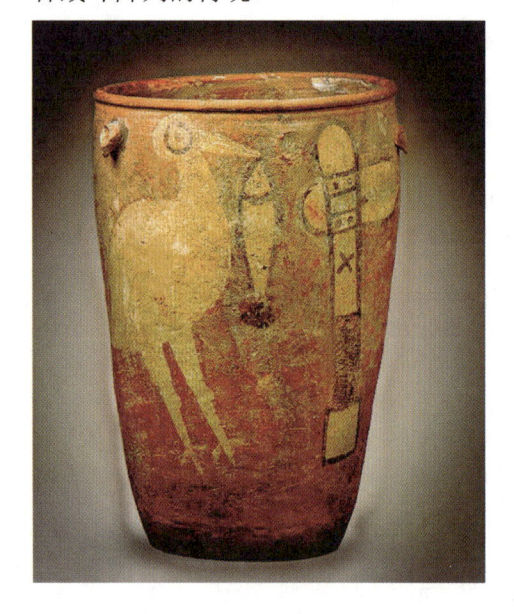

图58 鹳鱼石斧图：6000多年前河南汝州阎村瓮罐，庙底沟类型，鱼被戏耍了，很可能是隐喻半坡社会

已经大大降低了。在河南汝州阎村发现的一个庙底沟类型的瓮坛上面，有一幅著名的鹳鱼石斧图，画中右侧是一把石斧，中间是一条鱼，左侧是一只雄赳赳的大鸟，正用嘴叼着这条可怜的鱼。

这幅画表达的明显是对鱼的轻蔑，很可能是一种胜利宣言，表现农耕部族战胜了渔猎部族。

从考古来看，庙底沟部族的大本营就设置在盐池附近的灵宝西坡，紧挨着运城的盐池，而庙底沟类型的扩张，大体是以盐池作为辐射中心，盐这个资源在这次扩张中，似乎起到了积极的助推作用，从某种意义上说，华夏农耕文明的发展不仅需要红色的血脉能量来驱动，也需要白色的盐作为添加剂来强化这种驱动力。

很可能，那些庙底沟西坡的"黄帝"氏族，就是那个时代最大的盐老板。

当然，黄帝的"盐务公司董事会"里，不仅有男性，也有拿着丝绸"入股"的女性。

十　蚩尤大帝开"整容院"

不过，虽然庙底沟的势力几乎没有遇到抵抗地覆盖了黄河中上游，但在下游，却碰上了啃不动的"硬茬"。

因为，那里已经出现了一个强大的邻居，史书称其为东夷。

东夷虽然听起来是一个比较俚俗风格的称呼，似乎更像是一些坊间流传的具有神话色彩的故事，实际上他们却呈现了一条早期农耕社会完美的、几乎无缝连接的考古链。

大约 8200 年前，泰沂山脉北部一带的平原上，出现了黄河下游最早的农耕开拓者，由于是在山东淄博市后李官庄村首先发现的，因此命名为后李文化。

后李文化在工艺制造方面人才济济，特别是居住方面，一开始就没有让自己受委屈，他们擅长建造"大户型"的房子，面积普遍能有 30 到 40 平方米，最大的能达到 50 平方米，而同时期中原裴李岗文化的房子，和他们的相比，简直就是"乞丐版"的窝棚，一般也就十多平方米。

不仅房子大，房子里面的装修也非常的"讲究"，在后李的大房子里，划分了不同的功能区域，有炊饮区，加工储藏区以及睡眠区。

在睡眠区，地面和墙壁都会用一种特殊的黄泥涂抹，可以很好地提升睡眠的舒适度，这些都是同时期裴李岗文化的"毛坯房"无法与之相比的。

图 59　陶猪：正在瞌睡的猪，憨态可掬，8000 多年前，猪已经稳稳当当地作为肉食供给大户进入人类的生活了

后李人不仅创建了黄河流域的"高端"建筑业，而且还奠基了中国的雕塑史，他们以令人惊叹的美术功底，制作了很多富有生活情趣的动物造型，其中陶质的猪最为经典，神韵十足，生动可爱。

看来，在黄河流域新人类刚刚创业的时代，中原的华夏部族热心钻研八卦和音律，求索人生的奥义，而东夷部族则展现建筑和美术的工匠精神，并以此提高生活质量，他们虽然各有所长，但是，两个同饮黄河之水，踏着黄河肥沃土地的近邻，有着共同的底气——拒绝鬼神。

由于后李人作为黄河下游的"守门人"对鬼神的大门始终关闭，所以，黄河就成为世界上唯一没有鬼神的大河文明。

虽然，后李人和裴李岗人一样，都在地球升温、海平面升高的灾难中被摧毁，但是这里的居民因为背靠泰沂山脉，可以阶梯式弹性进退，因此黄河下游的文化没有被长时间地"拉闸"断电，似乎只是换了一根"保险丝"。很快，东夷部族就恢复了生机，不久这里出现了北辛文化（因为在山东滕州北辛村发现，所以命名为北辛文化）。

有意思的是，一些专家认为，北辛文化虽然几乎"秒接"了后李文化，但它并不是纯粹的东夷制造，它很可能是中原文化东迁到泰沂山脉后"入赘"生的一个孩子，因为它很像一个"混血"，而且"客人"基因似乎更明显。特别是后李文化的房子都很大，排列整齐，并且有"精装修"，而北辛文化的房子都比较小，布局散乱，而且基本上是毛坯。专家认为，这可能是被裴李岗"迁移"文化降维带偏了。

从地理角度看，北辛文化早期大多分布在泰沂山脉的西南，离中原比较近，的确是裴李岗人东迁避难比较方便到达的位置。

不过，海平面的升高虽然带来灾难，但造成的人口迁移也"搅拌"了黄河流域的地方"菜系"，把"小吃"搅成了"大餐"，提高了文明的格局。

大约6500年前，在北辛文化的基础上，诞生了大汶口文化（因在山东省泰安市大汶口遗址最早被发现而得名），这个文化非常强势地几乎覆盖了山东全境，甚至还延伸到河南的东部。

大汶口文化也是彩陶文化，不过他们彩陶的绘画主题基本和动物无关，大多是一些几何形图案，很抽象，有八角星纹、云雷纹、回纹、旋纹、网纹、波折纹，等等，显示着大汶口人的精神世界完全是另一个维度。

图60 大汶口彩陶星纹：八角星　　　　图61 大汶口彩陶雷纹：八个"回"字

如果说，仰韶文化的绘画是从情怀的角度去感悟世界，那么，大汶口人的绘画则更多的是从工程美学的角度去解析世界。

大汶口文化不仅彩陶的图案含义丰富，有一种耐人寻味的深邃，而且制作技艺更令人感到惊艳。他们在后李时期就开始展露的工匠精神，终于在大汶口时代"迸发"，成为黄河流域制造业的"扛把子"。

有一款经典陶盉，似乎是仿一种禽鸟，体态灵动，长长的喇叭状盉嘴伸向天空，好像要对天长鸣，三个尖底圆足既稳定饱满，又轻盈有力。

更为经典的是一款红陶兽形壶，通体红色陶衣，身体肥壮，张开的嘴作为壶口，短尾上翘，极富肌肉弹性，背部装有提手，尾部设置了一个筒形口，可以向内灌水，整体设计乖萌而巧妙。

这款仿兽壶，制作者对动物形体、神韵和功能之间妥协的把握，简直达到了完美。

可以说，大汶口文化制作的陶器，构思脱俗，灵气爆棚，工艺精致。他们无论在设计水平、制作技术还是审美高度方面，都碾压同时代的中原仰韶文化的制造业。

不过，或许由于他们对技术过于痴迷，也会剑走偏锋，大汶口人不仅对器物的工艺非常钻研，甚至愿意改造自己的形象，于是就创办了中国最早的"医美"产业。

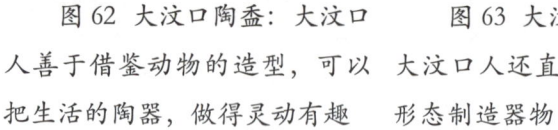

图62 大汶口陶盉：大汶口人善于借鉴动物的造型，可以把生活的陶器，做得灵动有趣

图63 大汶口红陶兽形壶：大汶口人还直接用实体动物的形态制造器物

在大汶口文化的墓葬中，专家发现了很多面部"整容"的现象。

不过和我们今天整容的美学标准可不太一样。我们今天整容是为了变美，而大汶口人是要把脸整得丑。

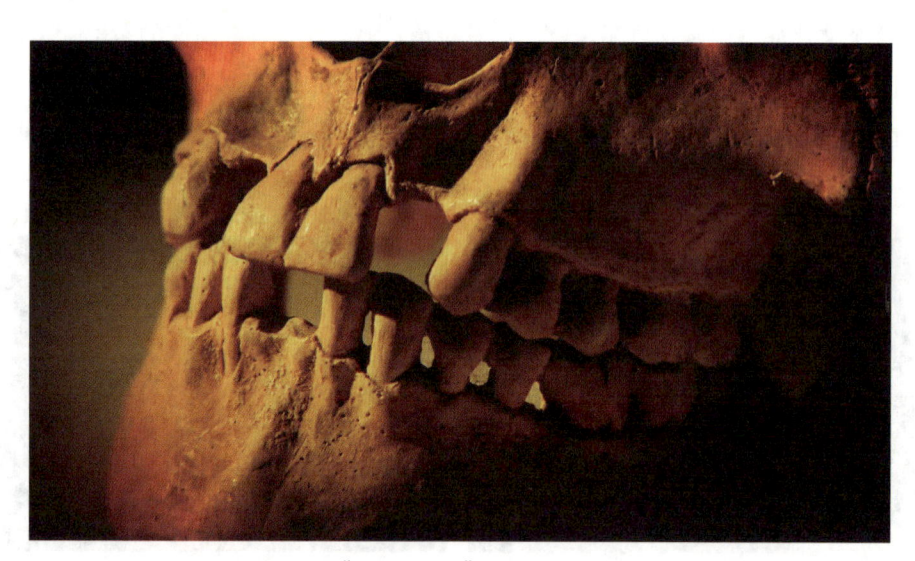

图64 大汶口文化的"整容外科"手术：拔掉一对上门齿和下门齿，这种让嘴巴"漏风"的手术很普遍

这种"整容"包括：头骨人工变形——把头骨后面压扁；拔掉一对上门齿和下门齿；口含小球导致颌骨与齿列变形。

这些整容，显然都是要把人脸变得更"凶丑"。

准确地说，大汶口的整容不是"医美"而是"医丑"，为什么是这样颠倒的审美呢？

这或许恰恰就是黄河下游的文化"时尚"，也非常符合传说中东夷首领——蚩尤大帝的形象。

最早的蚩尤形象可以追溯到汉代的画像砖，他被描绘成一个可以同时使用各种兵器，"耳鬓如剑戟，头有角"的凶恶的战神的形象。

之后的历史文献，对蚩尤的形象的描述变得越来越夸张，描述他是："兽身人语，铜头铁额，人身牛蹄，四目六手。"

可以说，画像砖和古代文献对蚩尤的表现和描述，就对应了大汶口人的"外科整容"手术，那种丑化的人脸，很可能就是传说中蚩尤的原型。

不过，蚩尤大帝的"凶神"形象传说与大汶口人面容改造的联系，也许并不只是一个简单的自虐性审"丑"，而是有重要的军事意义的。

专家认为，大汶口文化的这种整容很可能在战争中有恐吓敌人的作用，能够达到军事上的威慑效果。

从考古上看，大汶口文化是带有"攻击性"的邻居，它们先是向河南东部扩张势力，和庙底沟文化对峙，接着不断地向中原穿越渗透，甚至到达了郑州一带。

专家们在庙底沟文化的腹地（郑州烟草公司仓库遗址的墓葬），发现了来自大汶口的墓葬和器物，其中就出现了"整容"拔牙，枕骨变形的墓主人，这是确定无疑的大汶口人的"身份证"。

最新的考古发现，大汶口文化的"游击纵队"甚至到达过灵宝一带。

传说，在炎黄大战之后，又发生了一场大战，这就是著名的黄蚩大战——黄帝战蚩尤，看来是有考古背景的。

图65 蚩尤像：他是东夷的首领，原来以为是史书故意把他丑化，实际上是有考古证据支持的

《史记》记载：蚩尤作乱，不用帝命。于是黄帝乃征师诸侯，与蚩尤战于涿鹿之野，遂禽杀蚩尤。

不过，这个涿鹿颇有争议，有很多的传说把黄帝和蚩尤的大战，放在了河北张家口的涿鹿，但缺少考古证据的支持，因为庙底沟部族和大汶口部族并没有在张家口"碰面"，他们在那里没有文化实体接触。

那么，这个真正的涿鹿在哪儿呢？

专家认为，古代的地名，常常会出现变化，运城古时也被称作涿鹿，后来改名叫解州，而史书又记载，解州是在阪泉之下，这就是说，涿鹿就是阪泉，和炎黄大战是同一个战场。

或者说，有两个涿鹿，一个在张家口，一个在运城，而张家口的涿鹿只是同名，运城才是历史上真正的和黄蚩大战有关联的涿鹿。

古代文献记载黄帝和蚩尤的这场大战非常激烈。

传说，面容可怖的蚩尤部族，把丑也当作武器，让自己的士兵用恐怖的脸威吓黄帝的士兵，使黄帝"九战九不胜"，两方一直处在僵持状态。

最后，黄帝"做大雾，弥三日"。

而他自己"令风后做指南车，以别四方，遂擒蚩尤"。

图66 黄帝战蚩尤图：黄帝坐在指南车上，用大雾打败蚩尤的"整容"军队

黄帝聪明地利用大雾把蚩尤困在了战场上，一方面让蚩尤的士兵不分东西南北，而他则用指南车辨别方向，另一方面大概是可以在一定程度上给蚩尤的士兵加上"柔光镜"，避免自己的战士清晰地看见蚩尤士兵的恐怖面容，减少恐惧感。

传说最终黄帝把蚩尤的"整容"大军打败，并且把蚩尤的头割了下来，蚩尤的血染红了盐池。

而古书也记载：解州盐泽，卤色正赤，俚俗谓之"蚩尤血"。

如今，上古祖先关于盐资源的争夺虽然早已远去，但今天盐池里的卤水依然鲜红，仿佛是远古战争的回光返照。

在盐池附近，有一个蚩尤村，传说是蚩尤的旧部善于作战，黄帝就让他们保卫盐池。

这个村据说已经存在很久了，但在明朝万历年间，朝廷为了褒黄帝贬蚩尤，下旨将蚩尤村改名为从善村，直到20世纪90年代，这里的地方政府才把名字改回来，仍然叫蚩尤村。

当然，这场大战到底有没有像史书描述的那样发生，还需要更多的证据证实，但黄河中下游两个邻居的文化碰撞，一定是加强了他们之间的交流，这对于共同长久维护黄河整体作为一条世界上不多见的禁足鬼神的大河，是很重要的。

在大汶口的出土文物中，有一件异常精美的透雕象牙梳，全长16.7厘米，齿长4.6厘米，整体呈长方形，它的工艺体现着黄河下游传统的精致，而最重要的是，梳身中部雕着三道等距离的微弧短线组成的"8"字形镂空，颇像后世的八卦太极图，因此有学者认为这是古代太极阴阳八卦图的原型，这或许就是黄河中上游文化和下游文化交流的结果。

图67 大汶口文化的象牙梳：大汶口人的工匠精神和美术功底把八卦的理念变成了图形

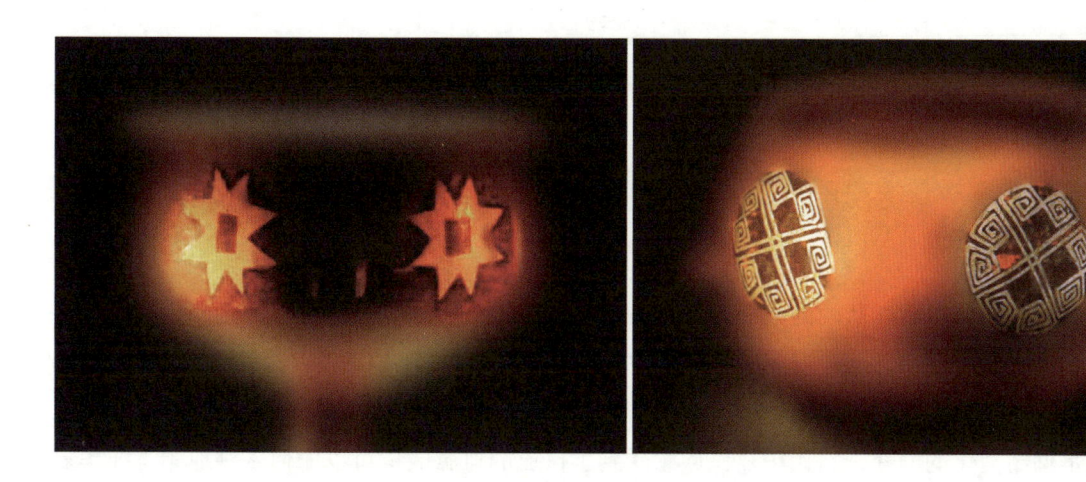

图 68（左）八角星纹：八个角——可能是一种八卦图的草图；（右）雷纹：八个回形纹——也可能是一种八卦图的草图

实际上，大汶口的彩陶上，那些富有哲理的图案，其中也有对八卦的探索，比如八角星纹、雷纹，都是对"八"这个数字的呈现和循环，对"八"这个数字的"关注"，或许不是偶然，而很可能是大汶口人对八卦哲学在图形上的工程设计。

如果说是中原的华夏部族在哲学理念上创造了八卦，那么聪明善工的东方部族把这种哲学图形化了。

黄河下游的部族虽然一开始也拒绝了鬼神，但这只是生活优越产生的朴素自觉，而中原文化中的八卦哲学，则是阻击鬼神的强大智慧，因此，八卦哲学在东部的渗透，将会使得我们下游的邻居更坚定地成为我们抵制鬼神的盟友。

放眼世界，在早期文明中，无论是尼罗河、底格里斯河、幼发拉底河还是恒河，都是被宗教神灵踏足的河流，它们周边的部族，也大都是信奉神灵的部族。而黄河，从头到尾，一尘不染，创造了血脉从未中断的华夏文明。在这一点上，黄河下游蚩尤大帝率领的那些气势汹汹的"整容师"队伍，也是功不可没的。

十一　彩陶生态大"帝国"

仰韶文化庙底沟类型，以运城盐池为中心开始大规模扩张，不过，这并不是军事力量的推动，更多的是一种对血缘情感，包括礼仪教化的认同，甚至可以理解为是一种文化生态的"晕染"，这是人类文明史上的一种有趣现象。

庙底沟类型是仰韶文化的巅峰，它让华夏民族感受到了自己的血脉能量可以如何磅礴地倾泻在华夏大地上，为未来的早期国家地理核心主体打下一个炎黄底色。

庙底沟彩陶文化生态"帝国"虽然远不是严格意义上的国家，但它也有"看人下菜碟"的安排。

东部由于有大汶口文化经常性的不太友好的"窜访"，华夏部族采取了带有军事性质的防御态度。

考古专家在郑州的西山，发现了庙底沟晚期的一座城址，根据测定，这座城址建造和使用的年代大约是 5300 年前，是目前为止黄河流域发现的最早的夯土城。

根据对遗址的复原，郑州西山城址近似圆形，城内面积在 25000 平方米左右。

很值得注意的是，中国最早的城，居然是圆形的，大概人们第一次造城，没有经验，只能以曾经的圆形聚落作为参考。

复原的西山城

因此，这座西山城，可以作为中国第一座城及第一座圆形城同时被载入中国筑城史。

不过，如果说庙底沟"生态帝国"的东部，以西山城为标志，是和大汶口文化经常摩擦出火星的"三八线"，那么，西部就是歌舞升平的"兄弟会"。

在考古分布上，庙底沟的势力一直向西"晕染"到今甘肃、青海、宁夏等广大西北地区，但是，在 5700 年前左右，庙底沟的部族发生了分化，一部分变成了马家窑文化，他们在甘肃的东部改了"户籍"，脱离了华夏部族的农耕集团，以游牧的存在成为华夏文明的一部分。虽然马家窑文化脱离了华夏主体文化圈，但他们的近亲血缘融合着游牧的气质，将会对华夏文明的未来有着举足轻重的作用（因为秦始皇就诞生在他们控制的区域里）。

马家窑文化的切割主要是气候原因，因为这里是比较深的内陆，降雨量陡减。中国有一条著名的黑河——腾冲线，把中国斜分成两半，东部的一半拥有土地的 45%，人口的 95%，而西部的一半则地广人稀，拥有土地的 55%，人口数量却只占 5%。

这条气候线，大体上是从庙底沟和马家窑之间的文化分界线穿过。

从此，马家窑文化主宰了黄河的上游，它们的彩陶大气磅礴，题材丰富。

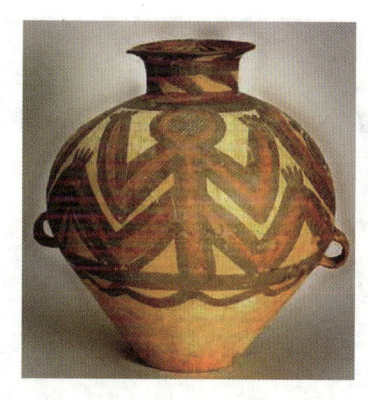

图 69 马家窑彩陶：旋涡纹，在马家窑彩陶中有大量的旋涡纹，这些旋涡画得非常有规律，大小相间，主次搭配，整个水流都在陶器上滚动

图 70 马家窑彩陶：蛙纹，蛙似乎和人的体型有相似之处，因此，马家窑人借蛙的强大生育能力为自己祈福

其中比较经典的是旋涡纹，这些旋涡画得既有静态的轮廓美，又有强烈的水动感，把高山深谷里黄河波涛传神地画到了陶器上。

马家窑人也画动物，不过主要不是鱼，而是蛙，这很可能是因为蛙可以两栖生活，更适合缺水少雨的西部环境。专家认为，一部分马家窑的蛙纹，往往和人的形象相叠，很可能是借助青蛙的强大生殖能力来祈愿部族的生育兴旺。

在 5000 多年前，西部的这个庙底沟和马家窑的农牧分界线，气氛和东部完全不同，毕竟是曾经的兄弟，即便分道扬镳，也能和气生财。

在甘肃天水市秦安县的大地湾，也就相当于在庙底沟生态"帝国"的西部友情"边境线"上，考古学家发现了一处重要的庙底沟类型的建筑遗址。

图 71 大地湾 F901 房址：5000 多年前中国西部最大的建筑遗址，这间大房子很可能是当时国际建筑技术的结晶

大地湾遗址距今五千多年，分布在一座小山上，聚落面积 50 万平方米，规模庞大。

在遗址中，专家发现了多座大型房址，散落在山腰和山顶，其中最大的是编号 F901 的房址，占地面积达到 420 平方米。

根据考古数据，专家复原出了 F901 完整的房屋结构，这是一个布局对称、功能丰富的早期宫殿式建筑。

图72 F901房子复原：中国最早的"国际边贸文化交流中心"，前面的几排柱廊在5000多年前非常气派

如果说灵宝的"宫殿"是毛坯房，那么，大地湾的建筑就是豪华装修了。

考古发现，虽然这座宫殿建筑的墙体已经不见，但它的地面非常高级，高级得令人感到不可思议！

专家经过实验分析，发现这座建筑的地面上含有夯土、红烧土，还有高强度的人造混合土，它们层层均匀叠压，构成一个技术含量高到时空错位的"地板"。

根据专家测量，F901 地面的强度达到每平方厘米抗压 120 千克，物理化学性能接近今天的混凝土。

为什么庙底沟部族会在西部遥远的边界使用这么出色的技术去建造如此高品质，连他们在灵宝西坡的"王宫"都没有配置的地面呢？

专家认为，这个大地湾的宫殿，一定具有特殊功能。

图73 大地湾F901房址发现的度量衡工具：四件套，突然出现在5000多年前的大地湾，也消失在大地湾

考古人员在F901的房址，发现了一套度量衡工具，其中有条形器、铲形抄、深腹罐等，这几件器物的容积率，正好是十倍的递增，专家认为，这就是中国目前发现的最早的量具，它们把中国度量衡的历史提前了2000多年（这些量具在大地湾昙花一现，此后，隐入世间，直到战国时代，才重出江湖）。

为什么大地湾的大房子里会有量具呢？

专家认为或许这是交流和贸易的需要，因为这里地处边界，很可能有西域的各种人过来，文化不同，习俗不同，交易需要公平，所以，就在大地湾这个5000多年前中国最大的交易中心，发明了这些量器。

既然是对外交流的中心，当然要装修好门面，专家认为，F901房址的这个高级地面，很可能是为了"国际"交流业务才花大投资学习、引进并铺出来的。

在那个时代，环视全球，这种技术或许只有古埃及才有，因为据专家研究，古埃及建造金字塔的大石块，并不是真正的石头，而是人造"混凝土"，这种混凝土的成分很像大地湾F901大房子地面的材质，也就是说，很可能F901这间大房子的地面，用的是类似建造古埃及金字塔的石块的材料，至少是使用了比较接近的同类材料技术。

这听起来似乎太牵强，难道远古中国和远在非洲的古埃及还有联系？

很可能有。

这事有据可考。这个时期，中国很可能通过大地湾的"交流中心"和古埃及产生了"交情"。

在仰韶文化中，有一种造型经典的陶器，叫尖底瓶。这种陶器数量很多，无论是在半坡类型还是庙底沟类型，都被大量发现。

图74 仰韶文化尖底瓶：大型（左），约80厘米高；中型（右），30～50厘米高。由于这种器物的功能模糊不清，一度让人产生很多联想，甚至和神秘力量联系在一起

尖底瓶的造型非常奇特，特别是它的小口和尖底的设计，体现着其有非常难以理解的陶器功能，引起人们很多遐想，对它的奇葩用途猜测至少持续了半个世纪。

其中一种观点给尖底瓶披上了"伪科学"的外衣，曾经得到很多人的认同。这些学者认为，尖底瓶是很聪明的力学设计，如果将尖底瓶两个耳朵系上绳放入水中，由于水的浮力和尖底瓶重心的作用，尖底瓶上半部会自动倾倒，下半部则离水面翘起，随着瓶内水的逐渐增多，尖底瓶下半部也逐渐下沉，直至瓶内盛满水后瓶身自动扶正。

这个观点看起来非常有道理，不过，也仅仅是看起来有道理而已。

专家针对尖底瓶这种自动汲水的观点，专门用一些尖底瓶进行了力学实验，结果显示尖底瓶放到水里后，确实能开始自动灌水，但当灌到一半时，尖底瓶重心下移，口部会自动翘出水面而无法继续灌水，因此尖底瓶不具有自动汲水的功能。

那么它究竟是干什么的呢？

最近，关于尖底瓶的研究有了重要的进展，一些专家提出了意想不到的新观点，他们认为尖底瓶是酿酒器。

首先是从古文字的角度，他们认为甲骨文的酒字，就是尖底瓶的象形。

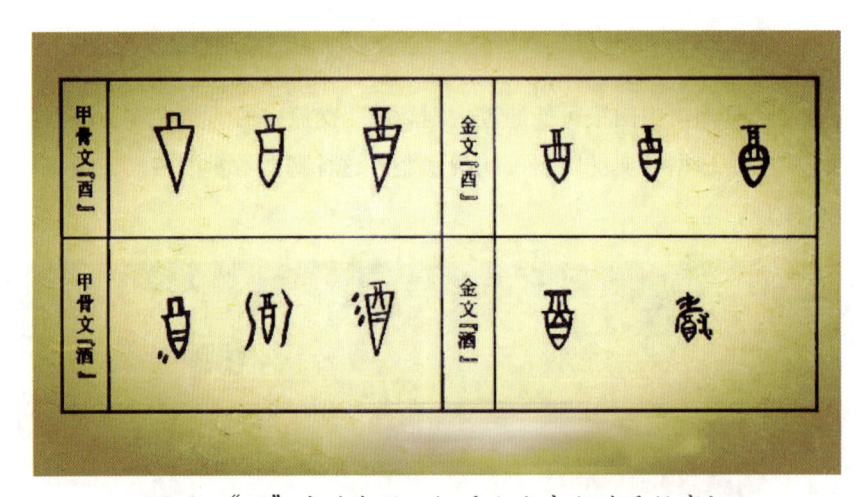

图75 "酒"字的来源：似乎和尖底瓶关系很密切

这个说法还是很有道理的，因为象形文字是一种可以倒推的追本溯源的手段。在甲骨文中，酒字就是三点水加一个尖底瓶的造型。

不过，这种非"硬核"的论证依然不足以说服学术界，直到一些专家采用了现代科学的考古手段做研究才有了突破。

这些专家根据对尖底瓶上的淀粉粒、植硅体及化学残留物的综合分析，发现尖底瓶是酿酒的工具。专家认为，尖底瓶是一个酿酒器，它集中了酒酿造过程中的所有发酵、储藏、运输等功能。

尖底瓶的小口设计应该是便于封口，减少酒精的挥发，尖底则是利于残渣的沉淀。上面的两个耳朵，则是为了运输的方便。

这个发现由于使用了化学成分分析与微痕实验等现代考古学的方法，被认为是比较可信的，因此，现在学术界更倾向于认为尖底瓶是一种酿酒器。

酒对于华夏文明，是非常重要的，酒不仅可以消毒治病，尤其在渔猎社会，打鱼驾船，经常在水中作业，喝酒可以驱寒暖身。总之，一种含有酒精的液体，可以让远古的社会变得更健康和有活力。

看来，尖底瓶就是中国酒文化的源头，它起源于仰韶文化的渔猎社会。

尖底瓶是酿酒器这一点，人们还在古埃及找到了答案。

图76 这是古埃及发现的尖底瓶实物：和仰韶文化的尖底瓶非常像，上面有文字，意思大概是尖底瓶内装的酒的产地以及酿酒工匠的名字

在古埃及的考古中专家也发现了他们酿酒使用的尖底瓶，和仰韶文化的尖底瓶几乎是一模一样的，而时间晚了1000多年，当然，也不能否认古埃及人自己发明了尖底瓶，但既然是非常相似的器物，而我们早1000多年发明，那么，这个技术从中国传到古埃及的可能性在逻辑上是成立的。

从古埃及的壁画可以看到，古埃及人很喜欢酿酒，据古埃及的文字记载，在古埃及建造巨大金字塔的工程中，那些辛苦的劳工就会使用酒精来清除身上的一些疾病，并且帮助缓解情绪来应对繁重的劳动。

图77 古埃及饮酒壁画：中间的尖底瓶就是酿酒器，古埃及人用吸管饮酒

图78 古埃及酿酒石刻：上面是葡萄树——酿酒的原料，葡萄树的下方是酿酒的尖底瓶

记载提到，修建吉首金字塔的工匠的报酬，很重要的一部分就是啤酒，他们每天要喝三到四次酒，因为在炎热的沙漠里，喝酒既可以解渴，又有营养。

如果尖底瓶真的是从中国传到了古埃及，大地湾这个交流中心可能是重要的枢纽。

图79 古埃及金字塔：从某种意义上可以说，金字塔是汗水加啤酒浇灌出来的

从这个意义上说，象征古埃及文明的金字塔，是有中华文明的贡献的。

考古人员在大地湾建筑群的F411的房址居住面上，发现了一幅5000多年前用黑色颜料绘制而成的地画。在这个时代，一般的地面是很粗陋的，根本无法作画，而大地湾的豪华地面技术，能够让我们有幸看到5000多年前中国的一幅画，在地上的画。

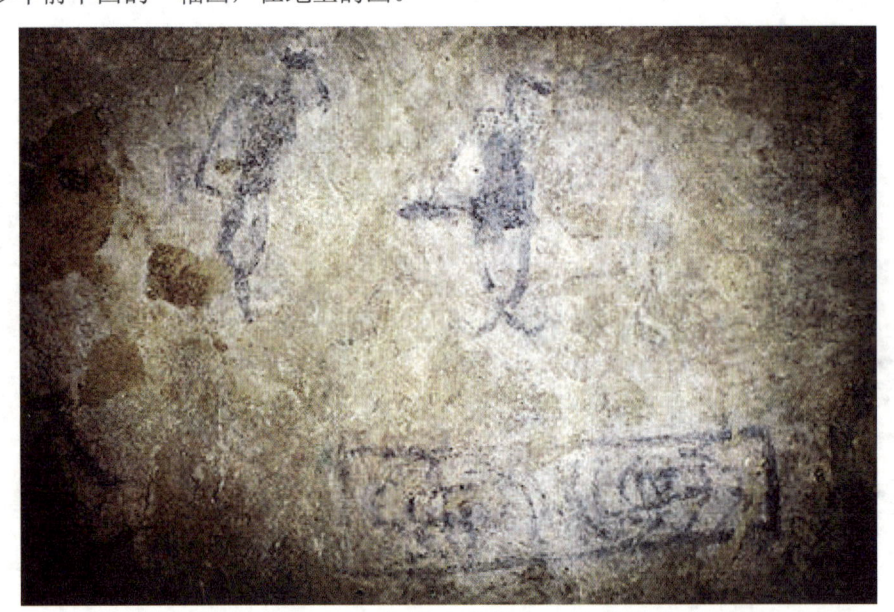

图80 大地湾地画：5000多年前的作品，它是那个时代唯一画在先进的"科技"地板上的画，所以今天还能依稀看到

画面长90厘米，宽69厘米。上层并排画有2个人物，在人物的下方，以黑色的粗线描绘了2个趴着的动物的图像，并列于长方形框中。

画面中的人物，很像在跳舞，下方有2只趴在坑里的动物，似乎是祭物。

专家认为这很可能是一幅表现具有仪式感的祭祀场景的绘画。

跳舞往往是祭祀的一种礼仪，但这对舞者似乎过于妖娆，有专家说其中甚至还有性暗示，不太符合祭祀肃穆的气氛要求。

于是，还有一种猜测，就是这幅绘画表现了古埃及人向我们传授如何制作木乃伊，因为他们知道华夏民族非常崇拜祖先，当然希望能够尽量地保存祖先的身体和容貌，所以，他们很可能会向我们的祖先介绍保存尸体的技术。这个过程中，他们的技师会用带有性暗示的舞蹈来表达某种神的旨意。而地画中下方的木盒子，或许就是用布裹扎动物尸体制作木乃伊的技术演示。只不过，中国不是沙漠气候，这项技术无法引进。

图81 大地湾地画解析：用黄颜色复原。上面是两个人跳舞，下面是木土坑，里面装着牲畜，专家认为是一个祭祀的场面。但有一种奇葩的猜测认为也可能是古埃及人给我们演示木乃伊的制作技术

当然，这仅仅是一种非常有趣的猜测，不管是否如此，有一点是可以肯定的，那就是原来我们所熟悉的中国和西亚及非洲之间连通的贸易之路，叫丝绸之路，是从2000多年前汉代开始的，那么现在我们似乎可以把这条路开通的时间，提前到5000多年前，而且，这条路应该叫作美酒之路，这条路非常重要，因为不久之后，有一种我们早期国家建设特别需要的技术，就是沿着这条路从中亚引入的，这种技术叫青铜冶炼。

庙底沟的"生态帝国"，也可以叫作"生态地膜"，覆盖了几十万平方千米，它不仅为未来华夏文明的国家建设做了充分的地理和人气的预热，而且打通了华夏大地和外域的交流。

十二　女神降临

黄河流域拒绝了和鬼神"签约",但黄河流域之外,却到处是神灵的"秀场",因为只要稍微有一点生活窘迫,神灵就会如影随形,不期而至。

东北的辽河流域,距今约8200年前诞生了兴隆洼文化,这个文化因首次发现于内蒙古自治区敖汉旗兴隆洼村而得名。

这是中国大地上勇敢走进寒冷地带的最早的先民,主要分布在今内蒙古东部及辽宁西部。

兴隆洼人敢于在这么寒冷的地方生活,首先是因为他们有建造大房子的本领,在兴隆洼遗址发现的住宅"户型"普遍很大,能有50～80平方米,最大的居然达到140余平方米。可以说,中国早期建筑史的大户型之最非兴隆洼人莫属。

图82 兴隆洼文化的房子复原:推想中的梯子入门

专家认为兴隆洼人之所以要造大房子,很可能由于这里的冬季下大雪,房子小了会被积雪埋压。

因此我们可以看到,兴隆洼的房子为了对付寒冷,不仅要大,而且,房子四面的墙基都没有留类似门的开口,专家认为,这是兴隆洼人怕大雪封门,只能把门的位置提高,用梯子进出。

图 83 兴隆洼文化房子的雪景复原：中国最早的"雪乡"

辽河流域寒冷的气候，逼得兴隆洼人把窗户当门用，而他们的土地，也逼得他们退回了旧石器时代，兴隆洼文化中很多农耕工具居然是打制的，当然这不代表大户型的建筑师没有能力掌握新石器时代的磨制技术，但至少反映出这里的土质比较差，只能"降维"使用粗粝的工具去耕作。

图 84 兴隆洼的石磨盘和石铲：这里的工具很多都是打制的，
杀鸡不能用牛刀，相对粗粝的土地限制了他们使用先进的磨制技术

63

辽河流域无论是土地还是气候，都无法和黄河流域相比，于是，生存的艰辛催生了中国最早的神。

图85 兴隆洼文化的女神雕像：截至目前的考古揭示，中国大地最早出现的神是兴隆洼女神

图86 石头制作的脸谱：整个脸谱上只有牙齿是写实的，这个女神大概是负责吃饭的

兴隆洼文化中出现了一些人形雕塑，这些雕塑有十几厘米高，雕像的胸部和腹部都不同程度隆起，似乎是一种对女性的生育崇拜。专家认为，它们很可能就是兴隆洼人崇拜的女神。

兴隆洼女神似乎有不同的分工，专家在遗址里发现了一种石头雕刻的粗犷的脸谱，正面上端有两个孔，可能是用来穿绳子的，下面是眼睛，眼睛下面是嘴，有趣的是，雕刻最写实的地方是嘴里用蚌壳做的牙齿，上面还细心地刻出了齿列。这个脸谱是在做饭的地方发现的，很可能是"灶台"女神，所以格外强调了吃饭的工具——牙齿。

图87 人的天灵盖制作的脸谱：和石头脸谱恰恰相反，它只有眼睛没有嘴，这是和死人交流的面具，不需要语言

专家还发现了一种用人的头盖骨做的面具，只有眼睛，没有嘴，这个面具上显示着一种女性神秘的表情，很可能也是女神形象。

这个面具是在22号房屋的居址上发现的，在这个居址里，居然有4具人骨，就是说，兴隆洼人的习俗是把死者埋在住房里，他们就和一土之隔的死人一起生活，可见他们对生与死有着特殊的理解，这个面具或许就是生者和死者之间感应的工具，面具上没有嘴，大概是因为和死人交流不需要语言。

很可能是为了和神灵交流，兴隆洼文化成为中国玉文化的起源地。

兴隆洼的玉器中，玉玦非常引人瞩目，数量很多，分为镯状和管状，制作得非常精致。

图88 镯状玉玦：女人佩戴 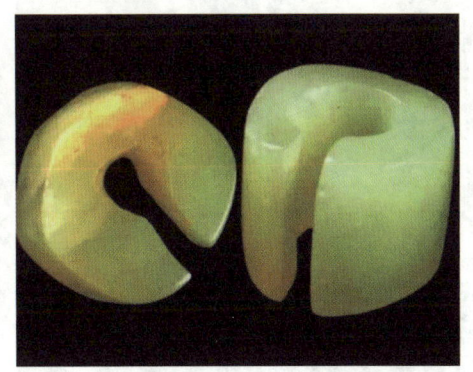　　　　图89 管状玉玦：男人佩戴

这些玉玦大都是在死者耳边发现的，男女都有，相当于耳环，但它们都比较大而重，耳朵戴上会很累，但兴隆洼人用自己的耳垂勇敢地承受了这份沉甸甸的美。

不过，专家认为，戴玉玦不仅仅是为了美，尤其是男性，他们戴玉玦很可能是为了敬神，因为玉往往被当作宇宙精华，富有灵性，而耳朵是人的听觉器官，可以借助玉玦更好地感知神的存在。

图90 兴隆洼匕形玉器套件：往往在尸骨的颈部和腰部成对出现，应该是挂在身上的

遗址里还有很多作为挂饰的玉器，其中有一种组合，叫作匕形器，有点像拱形竹片做的"快板"，它们往往是在死者颈部和腰部成对出现的，大概是挂在身上可以相互碰撞发出音响，用来愉悦和礼敬神灵。

图91 匕形器：很像快板，内凹外拱，很可能用来相互击打发声

图92 弯条形器：模仿动物的獠牙，带有野性的敬神饰物

弯条形器也是一种可以佩戴的饰物，很可能是模仿动物的獠牙，代表用猎物来敬献神灵。

或许因为玉这种美石和女神有天然的匹配性，因此大量地使用玉器通灵敬神成为兴隆洼文化的一大特色。

我们要感谢神灵，因为中国大地上并不都是黄河冲积平原那么优质的土地和气候，并不都能轻易地过上比较有幸福感的生活，生存艰难导致人生迷惘是大概率事件，而神灵就是苦难生活的镇痛药和麻醉剂，生活越不堪，神灵的"处方"就越灵。

兴隆洼文化在大约7500年前消失了。

但这块被神灵之火"烤热"的寒冷大地，不仅没有凉透，而且距今6500年前，在兴隆洼文化分布的区域里，出现了更大规模的红山神灵文化。

红山文化因为"红色的山峰"而得名，它位于内蒙古赤峰市东北郊的英金河畔。

红山文化比兴隆洼文化规模大得多，其中最重要的遗址是位于辽宁省朝阳市的牛河梁遗址群。

牛河梁是一片丘陵，这里隐藏着一个5000多年前，分布在大约50平方千米区域内的规模庞大的神灵祭祀中心。

图93 红山文化的积石冢：在很多丘陵的顶部，有大量石头堆砌的祭坛，成千上万的石头在这里被赋予了灵性

这是一个几乎全部用石头构建的祭祀场，整个红山文化也被视作石头上的神灵信仰，很可能，红山人把这些庞大的石头建筑群当成迎接尊贵神灵的降落场。

祭祀场里最典型的建筑是积石冢——一种用石头堆砌的高于地面的祭坛。

图94 红山文化祭坛：这是牛河梁遗址群中的积石冢，它既是一个祭坛，又是一个墓葬（中间的方石冢），也是一个可以和神灵对话的"窗口"

石冢祭坛形状各不相同，但基本上里面都有墓葬。

这些墓葬里的死者，往往只随葬玉器，没有生活器物。专家认为，出现在这些石冢墓葬里的和玉相伴的不食人间烟火的死者，很可能都是祭司，也就是负责神灵事务的高级神职人员。

图95 红山文化墓葬1：这些墓主人身边除了玉器，几乎没有任何生活器物

图96 红山文化墓葬2：里面的玉器很可能就在死者生前佩戴的位置，可以想象这个祭司的玉饰曾经是多么的华美

这么多漂亮的玉器装饰在一个人身上，足以让一般的民众强烈感受到他们作为神的代言人的光环。

这些死亡的祭司在石冢里，很可能也继续肩负着与神灵沟通的职责，因为这些石冢普遍都被设计成中间内凹的开"天窗"通灵的样式，而且祭司们都只佩戴"履行"神职的玉器而没有任何的生活杂物。

牛河梁的宗教遗址大都处在不同的山丘顶端，这些高处的积石冢共同构成一条庞大的石冢群链，而在这条长链的尽头，隆重指向了一个半地穴的大房子，这就是整个牛河梁遗址最核心的建筑——女神庙。

在这个已经倒塌的建筑里，埋藏着大量女性身体雕塑的残块，其中有头、耳朵、手和乳房。

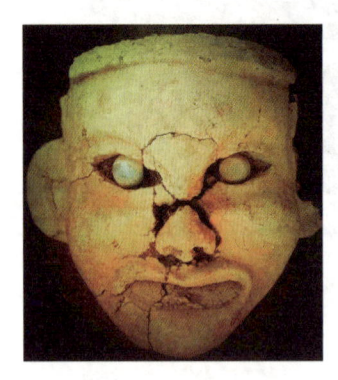

图97 女神头雕像1：这个雕像的头，真人大小，五官协调，风格写实，极富神韵

图98 女神头雕像2：侧脸曲线优美，比例协调，基本符合人体解剖学，可见，宗教的确是孕育艺术的肥沃土壤

女神的头部雕像很写实，真人大小，眼眶准确地镶嵌在眉弓下面，甚至眼睑内部都进行了刻画，鼻子的位置很准确，嘴唇大而丰润，红山文化的审美肯定不是樱桃小口，而是能爽朗大笑的女汉子。塑像的眼睛里面镶嵌了两个玉球，显得目光炯炯，闪烁着神的灵性。专家认为这就是红山文化的核心崇拜——女神。

很明显，和兴隆洼的乞丐版女神相比，红山女神在颜值上进化了。

考古人员在神庙的遗址里，一共发现至少6个女神雕塑的身体局部，其中神庙主室里发现的大鼻、大耳，比真人大三倍，也就是说，应该还有更大的女神头像没有被发现。

有女神就会有玉器，红山文化出土了大量玉器，比兴隆洼有更丰富的内容，体现着万物有灵，特别表现了生命的孕育。

图99 玉鸟：似乎是在巢穴里孵化

图100 大玉鸟孵蛋：有点像鹰，即便在孵化的时候，也是目光犀利

这只幸福的鸟妈妈正在巢穴里孵宝宝。这是一个挂件，可以佩戴在服饰上。

这只大玉鸟真的很大，足有近30厘米长，它在孵化的同时，悠闲地给自己梳毛，但它的眼神似乎在通知世界：一群顶级空中捕猎手快诞生了。

在这些玉雕的动物群里，很多似乎都有双重寓意。

图101 玉梳：这把玉梳很像猫头鹰，但也很像两只鸟的融合

图102 龙凤珮：初看像一朵花，但其实是两只鸟合体，红山人非常善于一意两用

有一个很像猫头鹰的玉梳，但仔细看，又像是两只鸟的融合。猫头鹰代表着动物的跨界通灵，而两只鸟的融合，象征着生育。这种烧脑的创意是红山文化的奇妙特色。

龙凤珮看起来像是花卉，但实际上是两只鸟的合体，很可能已经是一种交尾状态，也是象征生育。

红山人最有代表性，而且数量最多的玉器，是一种被称作玉猪龙的玉雕。

这种镯形玉雕一端是猪头，而猪头连接着一个很像蛇的弯曲的身体，看起来非常变态，引起很多不同解释。

图 103 玉猪龙：红山文化最具有代表性的玉器——生命的孕育

首先它看上去是一种混搭，因为猪很憨厚，而蛇有灵气，红山人把它们组合在一起，就相当于把憨厚和灵气这两个生灵的"正负极"打通，以便达到更好的通灵功能。

也可能这是一种生死扣，因为头尾相交，可以象征生命循环，永不止息。

但更合理的解释是，这或许是猪的胎儿在母体子宫里的形态，因为猪是人类最熟悉的动物，于是就用猪的子宫里胎儿的形象作为生命孕育的吉祥物。

总之，由于红山文化的女神性质，其整体充满了对生育的极致浪漫的热情。

在牛河梁的墓葬中，还发现了一种小玉人，这种玉人的手半举在胸前做祈祷状，一脸虔诚，好像在专注聆听神的旨意。这种布道者悲天悯人的表情，是宗教的特色。

专家认为这很可能是红山文化的祭司形象，也是红山文化部族中实际掌握权力的人。

红山文化是一个有神庙、女神、祭坛和祭司的初级宗教政权，可以说红山文化在辽河流域这个寒冷的地区，拓展出了一种勃勃生机的北方文明。

地球的雨露不可能均沾，黄河流域占尽天时地利的华夏血缘文明，注定要被周边资源相对匮乏，生存艰辛而不得不"与神共舞"的神灵文明所环绕。

中国大地的早期农耕时代，有很多地方需要神灵来"扶贫"。

图 104 小玉人：祭司的雕像，他闭着眼睛，双腿紧紧合拢，双臂捂胸，浑身散发虔诚，愁容满面，是宗教的专属

十三　中国大地的隔空"神"穿越

南方的长江流域，新石器时代姗姗来迟。由于地球气候一直偏暖，这里溽热，瘴气弥漫，并不适合人类生存。

随着气温的逐渐转凉，约7000年前，长江流域终于出现了第一个农耕社会——位于浙江余姚的河姆渡文化。

从文明"签到"的意义来说，长江流域比黄河流域晚"打卡"了近2000年。

河姆渡文化水田农业比较发达，这里的居住方式和黄河流域正好相反，黄河流域的房子为了保暖，普遍是往下挖，大多是半地穴式建筑，而河姆渡人为了凉快，则用木桩把房子"抬"起来，以便和潮湿的地面分开，这就是干栏式建筑。很可能就是因为这种建筑的施工难度较高，所以也在一定程度上延迟了江南农耕社会的"启动"。

图105　河姆渡干栏式建筑：用木桩把房子支起来，湿气和蚊虫大概是他们最大的敌人

与黄河流域的红陶不同，河姆渡文化流行黑陶，准确地说，是一种伪"黑陶"，因为这种陶器的颜色并不是因为烧制的温度高（一般的情况下"正品"黑陶比红陶的烧制温度高，需要1000℃以上，但河姆渡文化达不到），而是由于在陶泥里加入了碳化的植物碎屑，因此呈现出黑色。这种掺有碳化植物碎屑的"碳黑陶"，具有更好的防开裂的性能。

71

图106 河姆渡的陶器：是一种低温黑陶（碳黑陶），它的黑底拒绝了绘画

河姆渡人用加"作料"的方法，让他们的陶器具有了更高的品质，但也引导了他们不同于黄河流域的艺术创作手法。

因为这个时代，中原的仰韶彩陶文化正在兴起，红色的陶器表面已经成为绘画的主要"画板"，然而河姆渡文化的黑陶是不支持绘画的。

但既然是潮流，江南陶器不能没有情怀，于是河姆渡人使用雕刻来描绘他们的精神世界，这种雕刻属于阴刻，内容一般是动物和花草，充满田野乐趣。

图107 河姆渡陶器上的雕刻：一头猪，那个时代的猪野性未泯，皮毛颜值很高

河姆渡文化没有和神灵牵手过日子，是因为他们的风调雨顺、水田肥沃，因此，并没有什么生活蹉跎需要"申请"神灵为他们"扶贫"。

不过，河姆渡社会没有出现神灵，并不是因为他们自觉抵制，而是天然随性的一种非神灵介入的生活态度，实际上，他们并没有华夏部族创造的可以长久"免疫"神灵的强大武器——八卦哲学。

于是，不久之后，情况发生了逆转。

根据考察，河姆渡文化晚期很可能是遭遇了海水倒灌，引起土地盐碱化，水田无法继续耕种，于是这个文化大约在5000多年前消失了。

在河姆渡文化之后，长江流域用了很长时间恢复元气，大约5500年前出现了凌家滩文化，这个文化因为是在安徽省含山县凌家滩村发现而得名。

凌家滩文化内涵非常特别，和河姆渡等江南文化差异很大。

不仅差异很大，而且它似乎还基因错乱。

专家在凌家滩遗址发现了祭祀坑、积石圈、人工巨石堆以及大量的玉器。

图108 凌家滩文化墓葬中的玉器：样式繁多，在这里能闻到辽河的气息

这些似乎都是典型的红山文化宗教的标志。

图109 红山玉猪龙（左）和凌家滩玉猪龙（右）对比：设计如出一辙

果然，凌家滩遗址发现的玉猪龙，造型几乎和红山遗址出土的玉猪龙一样，都是圆形盘龙状。

图 110 红山的玉人（左）和凌家滩的玉人（右）对比：双手祈祷的姿势和虔诚的表情几乎完全一样

凌家滩墓葬里还发现和红山文化相似的玉人，这种玉人双腿并拢，有坐着的，有站着的，但都双臂抱在胸前，做祈祷状。

凌家滩文化的玉人无论是动作、姿势和表情都和红山文化的玉人非常神似。

类似这种撞脸还有很多，的确令人感到匪夷所思，因为这两个文化的地理位置，一个在北方的辽河，一个在南方的长江，相距千里，中间还隔着黄河流域，似乎它们之间不应该存在交集。

那么，难道凡是神灵文化，都有殊途同归的倾向？长江流域突然自发地产生了神灵崇拜，并且可以是辽河流域模式的重现？

这种解释不符合逻辑。

辽河流域的红山文化，明显是从兴隆洼文化演变过来的，它们的神灵信仰在同一地域孕育和积淀了很长的历史，有明显的成长过程，而长江流域最早的河姆渡文化，不具备任何神灵信仰的萌芽，凌家滩文化似乎是一个"爆款"，突然呈现出非常丰富而成熟的神灵元素。因此，有很大的可能性，凌家滩文化的神灵信仰，不是土生土长，而是红山文化南下的"加盟店"。

不过，这也许会带来一个疑问，那就是为什么红山文化没有对更近的黄河流域产生影响，而是穿越到长江流域？

这就是黄河流域的独特之处，它拥有八卦哲学这个"盾牌"对神灵"免疫"。

甚至可以说，连黄河下游的"整容师"邻居，很可能也因为和华夏部族的各种互动得到了八卦"护身符"，没有给南下的神灵"洗脑"的机会。

而长江流域的早期文化，虽然没有接纳神灵，但也没有八卦"护身符"，所以，一旦遭到大规模的自然灾害，"免疫力"低下时，就很容易被南下的神灵拉进去"入伙"了。

一旦神灵跨过长江，江南神灵"连锁"事业就开始蓬勃发展，如火如荼。

大约在 5300 年前，也就是比凌家滩文化略晚一点，长江流域下游的太湖和钱塘江一带出现了良渚文化。

十三 中国大地的隔空"神"穿越

图111 良渚古城建筑基础复原：5000多年前的290万平方米的良渚古城，里面有高台和航道

在浙江的余杭发现了良渚文化的一座290万平方米的巨大古城（同时代的庙底沟文化最大的城——西山城，面积只有它的1%不到），在古城内，发现了大规模的宫殿式建筑区、墓葬区、居住区及可以行船的航道，水路交通很可能十分发达。

城内有高台，其中最高的高台叫莫角山。

图112 良渚古城里的莫角山基础复原：这是当时中国最大的复式"建筑"——两层土台，上面有很多宫殿，很可能是良渚的神庙和王宫

莫角山是一个巨大的人工土台，高10米左右，相当于三层楼，面积有30万平方米，上面还有二层土台，二层土台上有很多宫殿式建筑。专家推测，这个最高的土台就是贵族、祭司或者首领居住的地方。

良渚文化遗址中出土了上万件玉器，样式繁多，但其中依然能看出对红山文化的传承。

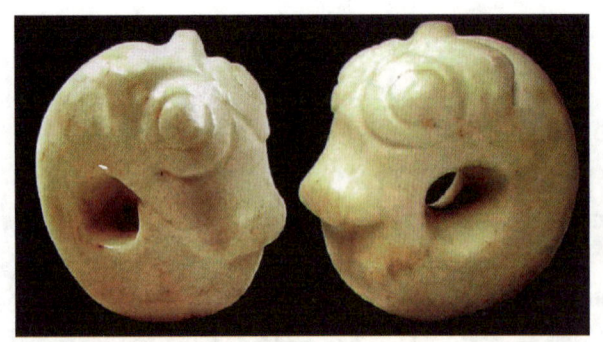

图113 良渚文化的玉龙：似乎也有生命之初胎儿孕育的形态

图114 方形两节玉琮：良渚文化中最典型的玉器，中间的方分节是通神的阶梯

在良渚文化中，也出土了玉龙，这种呆萌的孕育胎儿的造型，似乎已经成为中国大地上神灵文化"连锁"必选的"加盟款"。

良渚文化不仅出土了大量的玉器，而且它独创了很多特色，最具代表性的是玉琮。

玉琮是一种真正讲究结构性，可以多重叠加的大体量的玉器，它们很可能通过不同数量的层级，表达祭神的不同需求，大概有天圆地方的意思。

图115 19节玉琮：这是在良渚遗址中发现的多达19节、高50厘米的绿色玉琮，大概意思是像天线一样，每多一节都增加一些对神灵感应的"灵敏度"

图116 玉璜：神人兽面

玉琮可以分节，每多一节似乎都代表更多的通神灵性。其中一件绿色的玉棕近50厘米高，共19节，是目前发现节数最多的玉琮。

良渚敬神的玉器，大都刻有一种醒目的图案：上面是一个披着很长发冠、龇牙瞪眼的神脸，下面则是个眼睛凶悍夸张的兽面。

这种图案结构叫作神人兽面。

神人兽面的形象在良渚玉器中很普遍，专家推测这个形象很可能是他们核心崇拜的组合：上面顶着庞大羽毛发冠的脸，代表神，而下面的瞪着大眼的兽面，代表护法力量。

图 117 云形珮：这里能看出良渚人的想象力，他们的大神掌控多层"宇宙塔"

云形珮是一件非常重要的玉器，因为在这件玉器上，可以看到一左一右两个良渚大神正在托举他们壮观的"宇宙塔"，这大概是良渚人心中完美的世界，而良渚大神大概是要把所有人都带到这个幸福的"宇宙塔"中。

神人兽面的图腾甚至控制了世俗的权力，因为除了神器之外，在象征世俗权力的兵器——玉钺上，也都烙上了神人兽面的图腾标记。

良渚文化是中国历史上曾经非常成功的早期政教合一的社会，这种诞生在长江流域的神灵文化，在气势、规模、财富等各方面都压制同时代中原的华夏部族，他们创造了距今5300至4300年前中国大地上最耀眼的文明。

感谢神灵，他们不仅对黄河流域以外"雨露不均"的中国大地"脱贫致富"做出巨大贡献，同时，他们也为中华文明增添了丰富的色彩。

图 118 玉钺：世俗权力的象征，但左上角有一个神人兽面的图案，这就是神权掌握着世俗权力的标志

十四 "狼外婆"敲门了

长江流域的良渚文化熠熠闪光的时代，也是黄河流域的仰韶文化庙底沟类型铺地板的时代，虽然庙底沟部族占据的空间庞大，但只是血缘文化的生态圈，不具备强大的社会资源聚集力，最大的不动产就是郑州西山城，只有2万多平方米，而良渚古城达到290万平方米，宫殿规模更是无法与之相比，墓葬里的高档器物中，仅仅玉器，良渚古城中就出土了上万件，而庙底沟生态圈出土的所有玉器加起来，还没有良渚文化的零头多。

就在这种血缘文明被神灵文明居高临下俯视的隔空"震慑"下，华夏部族开始对自己的"虚胖"生态圈"动手术"了。

在考古分期上，大约从4500年前开始，黄河流域进入灰陶时代，而灰陶所代表的文化，叫作龙山文化（因为是在山东章丘龙山街道最早发现而得名），它替代了以彩陶为标志的仰韶文化。

突然间，整个华夏大地颜值降低了，色彩从生活中褪去。

之所以彩陶被放弃，主要是因为"画板"的更换。这个时代的烧窑技术有了突破，把以前的800多摄氏度烧制的红陶，变成了1000多摄氏度烧制的灰陶，从产品角度来说，灰陶的品质要比红陶高，但是，由于高温烧制会破坏颜料，以及灰色的陶质很难表现色彩，所以也就只能"忍痛割爱"，告别了美丽的彩陶。

图119 龙山文化陶器：王湾三期的器座，其灰陶的品质明显高于红陶，但也"抛弃"了彩陶上的绘画

这个灰陶镂空器座是龙山文化王湾三期的精品，在这个技术先进的陶器上面，有很多精细的图案阴刻纹理，显然由于这种"画板"对颜色不友好，画家只能改做雕刻家了。

看来，技术的发展，有时候要以牺牲艺术为代价，马家窑文化一直拒绝升级烧窑温度，继续执着地使用红陶长达 1000 年左右，恰恰在这"技术刹车"的 1000 年，他们一枝独秀的彩陶绘画技术飙到了艺术巅峰。但是，这座艺术巅峰外人是不能眼红的，因为中原华夏部族不仅需要更好的陶器提升生活质量，而且需要通过灰陶的烧制去摸索和掌握高温冶炼技术，以迎接金属文明的到来。

龙山文化这把"手术刀"把庙底沟部族切割成四个部分，它们各自占据了黄河流域最好的四块冲积平原，分别是黄河北岸冲积平原的后岗二期类型，黄河南岸冲积平原的王湾三期类型，还有汾河平原的陶寺类型和渭河平原的客省庄类型。

它们每一个类型都大致占据一块冲积平原。

这四个类型，是在庙底沟的生态圈"大水漫灌"之后最终沉淀下的含金量最高的四个部族，可以称之为自立门户的"龙山四兄弟"。

"龙山四兄弟"打拼天下的早期，后岗二期是最活跃的。考古人员在黄河北岸的辉县孟庄，发现了一座大约 4800 年前建造的后岗二期的城址。孟庄城虽然只有 12 万平方米，却很重要，因为这是龙山文化的第一座城，而且已经比庙底沟曾经拥有的西山城大了 5 倍。它不仅奠定了后岗二期在龙山文化中作为带头大哥的历史地位，同时也证明了，庙底沟的这个分家"手术"是成功的，"龙山兄弟"已经初步展现出更强劲的活力。

在后岗二期的区域里，广泛流传着颛顼的故事。

传说颛顼是黄帝的孙子，他继承了黄帝的权力，被称为颛顼大帝。在后岗二期区域内有很多颛顼的纪念建筑，其中比较著名的是濮阳县的颛顼璇宫和内黄县的颛顼陵。

如果对标传说，黄帝代表仰韶文化，颛顼就代表龙山文化，更准确地说，代表后岗二期类型。

图 120 颛顼像：传说他是黄帝的孙子，继承了黄帝的权力，他是打响"神灵"阻击战的领袖

不过颛顼这个新领袖不太好当，因为在龙山文化的时代，长江流域的良渚文化正在高调繁荣，这个强大的拥有 290 万平方米大城的神灵势力，似乎给黄河流域最多只拥有 12 万平方米小城的华夏部族带来了前所未有的信仰震荡。

史书记载，在黄帝升天，颛顼接班的这段时间，老百姓开始"信奉巫教，崇尚鬼神而废弃人事"。一切都靠占卜通神来决定，百姓家家都有人当巫史搞占卜，人们不再诚敬地祭祀祖先，也不安心于农业生产。

虽然华夏民族有八卦"护身符"抵御神灵，但邻居的崇尚神灵文化的"超级大国"太过声势浩大，还是给中原老百姓带来不少困惑，如果任由神灵文化的冲击波进入中原，华夏民族以祖先为核心的血缘纽带必然会被破坏甚至出现断裂。

神灵的"狼外婆"真的来敲门了，敲得人心大乱！

危急时刻颛顼挺身而出，力挽狂澜！

《尚书·孔氏传》记载颛顼：帝命，羲、和，世掌天、地、四时之官，使人、神不扰，各得其序，是谓绝地天通。

这是说颛顼命令所有管天和地的官员，务必使人神互不干扰，各守各的秩序，这就是著名的"绝地天通"的含义。

图121 颛顼绝地天通壁画:这幅画被云分成两部分,它的意思是,人间和天上要分开,老百姓不能跟神来往,只有特殊的官员才能和神沟通,这就是"绝地天通"

史书记载颛顼采取了重大措施,他"任命南正重负责祭天,以和洽神灵。任命北正黎负责民政,以抚慰万民",亲自净心诚敬地祭祀天地祖宗,为万民作出榜样,并且禁绝民间占卜通神的活动,使社会恢复正常秩序。

更具体地说,就是让老百姓不能随便接触天上的神,这件事只能由专门的官员去做。

颛顼并不否认有神,因为他无法解释隔壁强大的邻居正在轰轰烈烈地敬神,但他告诉民众,神的那片天空和华夏百姓没有关系,它们不仅不会帮助华夏百姓,甚至会"打扰"人间的正常生活,因此必须禁止百姓去接触神。

图122 踩高跷:据说这种民间娱乐起源于"绝地天通",最早踩高跷的人,都是有特权的可以和上天沟通的"天官"

在濮阳,内黄及辉县一带,民间有悠久的踩高跷的习俗,每年到正月都会在十里八乡表演。高跷据说是颛顼发明的,这种活动起初用于和神打交道,表现人们踩着梯子去敬天上的神,踩高跷的人叫"天官",也就是说,只有踩高跷的人才有资格,可以代表专门管天上事的官员去和"天神"沟通,而一般老百姓则禁止参与这种事务。

不过，虽然传说颛顼打响了神灵阻击战，但华夏民族的发展似乎太低调了。尽管血缘纽带可以低成本地维护一个庞大的生态文化圈，然而这个生态文化圈远远不能和良渚社会霸气奢华的神灵文化相抗衡，不能聚集大量社会资源和权威，形成一个强大的国家实体集团。

因此，一个严峻的问题摆在华夏领袖面前，这就是华夏民族不能只是一个松散的"大排档"，如何在没有神灵的参与下，建立自己以祖先为核心，以血缘纽带为基础的，强有力的行政管理系统已经迫在眉睫。

从某种意义上说，如不能提升文明的品质，华夏原生态血缘文明的"地摊"很可能会跟不上时代发展的节奏，甚至黯然落幕。

十五　创建礼制，以礼服人

地球的大伤疤——汾渭裂谷又一次展现它的孵化器功能，它帮助华夏文明摁下了"快进"键。

大约 4300 年前，"龙山四兄弟"之一陶寺部族，在汾河平原上，轰轰烈烈地建造了一座大城。

图 123　陶寺遗址：在一处黄土高岗上，华夏文明开启"提速模式"，从此进入礼制社会

这座大城面积有 56 万平方米，这个规模对于一直"摆地摊"的华夏民族来说，简直就是"一夜暴富"的巨变！

不过这座城的重要性，不只在于它今非昔比的豪气，它打开了一张华夏文明礼制建设的图纸。

这张图纸是由 1300 多座墓葬"绘制"出来的。

这些墓葬既有小型墓，也有中型墓，更有大型墓，形成了一个前所未有的内容丰富的社会。

小型墓的墓坑小而狭长，一般长 2 米，宽 0.5 米左右，刚刚够把一个人塞进去，而且大多没有葬具和随葬品。这类墓约占墓葬总数的 90%，专家认为这都是"打底"的平民墓。

中型墓尺寸大得多，数量大约占 10%，使用木棺葬具，随葬品一般有几件至一二十件，被认为是不同等级的贵族墓。

大墓只有六座，非常豪华，这些大墓长 3 米上下、宽 2 米多，使用非常讲究的木棺，随葬品能达到一两百件。

这是华夏部族第一次在墓葬中展示出的大规模社会等级性制度。

这个等级制不是官僚等级制和宗教等级制，而是中国独有的礼仪等级制，因为在墓葬里发现了很多礼器。

十五　创建礼制，以礼服人

图124　陶寺一期大墓复原：豪华大型墓，高档随葬品上百件，大部分是礼器，这里充满了权力的优雅

大型墓是最高等级，墓室摆满了高档器物，有罐、尊、盆、豆、鼓，以及石磬等，它们大都是礼器。礼器中最引人瞩目的是彩绘陶器。

图125　彩绘折腹壶：灰陶的品质，鲜艳的色彩，高贵感在4000多年前的黄河流域无与伦比

陶寺彩绘和仰韶文化的彩陶不同，仰韶文化的彩陶是在烧制前上色，而这里的彩绘是在陶器烧制完成后上彩，彩绘图案远比以往烧制的彩陶颜色更丰富、艳丽，这提升了陶器的高贵感。

在华夏早期礼制社会，彩绘陶器成了最高颜值担当。

礼器是敬献祖先的，和敬神的神器不同，它们具有源于生活，充满人间烟火气息，但又高于生活，具有象征权力和地位的精神属性。不同级别和规格的礼器，代表不同的社会等级和尊卑。

从人类各类文明的总体发展路径来看，礼制是华夏血缘文明进入国家形态的最佳选择，因为宗教文明有神的代言人——祭司，不同层级的祭司很自然地形成一个国家行政系统。

而血缘文明，没有神，也没有神职人员，但它有天然的血缘纽带，礼制就是因势利导地把血缘的生理人脉，也就是把父母、兄弟、姐妹、叔舅、姑姨等远近亲属，直接转换成上尊下卑的行政层级关系。

需要特别指出的是，礼制制度，因为源于亲情，它排斥粗鲁生硬冰冷的官僚行政管理，以礼仪道德来约束人。

图126 彩绘陶簋：礼器，这个时代，色彩是礼制氛围的重要烘托，但上面的图案也会记录一些重大事件

因此，在礼制社会，必须以"礼"服人。或者说，只要大家按"礼"行事，认同彼此的尊卑，恪守自己血缘等级的边界，这个行政体系就可以非常优雅地，甚至是充满美感地运行。

图127 陶鼓：陶做的空心响器，可以敲击出声，这大概是腰鼓的源头，上面的纹理可能对发声有帮助

因此，这里的礼器除了食器和饮器之外，陶寺的大型墓里还发现了乐器，其中有陶做的鼓和石制的磬，等等，这些乐器也属于礼器，我们的祖先把音乐也加入礼的范畴，不同的旋律、乐器的数量和演奏的规模，都可以表现不同的尊卑等级。

礼制可以优雅到用美妙的音乐参与礼法管理。

图 128 石磬：由石片制作的打击乐器，别看它似乎打磨得很粗糙，其实，都是人们按照音律打制的，每个棱角和厚薄，都有不同的音高设计

以礼服人，以礼教人，以礼感人是礼制的精髓，也是华和夏两个字——"美的礼仪"的深度内涵。不过，礼制也不全是温情和优雅的。

陶寺还有一个重要的发现，这就是在 6 个大型墓中，每个大型墓几乎都出土了一种被称为"盘龙纹陶盘"的陶器，这个陶盘上的龙，整体轮廓像一条盘起来的水生动物，皮肤上有斑纹，而它的头很像蛇或蟒，嘴里有密集的牙齿，还衔着一条类似松枝的东西，像是袖珍的"狼牙棒"。

图 129 盘龙纹陶盘：上面的图案很像蛇或蟒，这是华夏民族第一次从水生动物的形态里找到的一种护法形象

这个形象，很可能是水蟒或水蛇，属于一种由水生生物衍化而来的"凶悍"的图案。

一些专家认为，它就是中国龙的雏形，至少是早期龙的设计创意的一种。

我们祖先对水里生灵的重视，要远远超过陆地上的生灵。这似乎和华夏民族曾经被大水重创，并且有过一段渔猎经历有很大的关系。那些在陆地上称王称霸的狮、虎、熊一类的猛兽，都不如水蛇、水蟒或者鳄鱼更让我们的祖先产生敬畏感。

盘龙纹陶盘只有大型墓里才有，这表明它属于最有权威的人。

在礼制制度创建的源头，为什么会让几乎每一个大首领都配置这种衔着"狼牙棒"的、凶巴巴的龙形生物呢？

很可能因为血缘纽带转化的礼制行政管理太缺少霸气，为了加强礼制的震慑力，就需要一个"霸王"形象镇场。

不过，这只"霸王龙"的震慑力似乎是双向的，既针对民众，也针对执政者。底层的民众需要服从尊卑，顶层的执政者需要道德自律。甚至，由于这些贵重的礼器一般民众看不到，所以，它似乎更具有对执政者的约束力。

等级制必然打破了社会的公平，但这是社会前进必须付出的代价，因此，人们只能在公平和发展之间寻找平衡。

礼制制度让我们的祖先第一次发现等级权力是好东西，能够提升社会的发展效率，但也可以很可怕，一旦失去了管束，必然会酿成灾难，所以，这只"霸王龙"的出现，某种意义上体现了重视道德的制度自省的先进性。

从考古来看，陶寺类型的异军突起，强势替代了后岗二期类型，成为华夏民族新的带头大哥，而这也十分契合古代文献的记载——颛顼把权力传给了尧。

图130 尧画像：
尧很可能是第一代礼制制度的设计师，也是礼制国家伦理的创建者

史书记载，尧"十三岁封于陶"，而陶就是襄汾的陶寺乡。

陶寺附近有多座尧的纪念建筑，全国最大的尧庙也在这里。

因此，专家认为，龙山文化的陶寺类型很可能就是尧的部族。

传说尧是一个对礼制贡献非常大的领袖，他提倡礼法的"五典"："父义、母慈、兄友、弟恭、子孝"。这五典就是五种美德，全都衍生自血缘亲情，展现了美好的人性，极大地丰富了人类的道德光谱，为礼制的伦理奠定了重要基础。

不过，华夏礼制社会的领袖，必须德才兼备，不仅仅要有道德的口碑，还要有提高民众生活品质的

十五　创建礼制，以礼服人

能力。

传说尧时代之前，没有历法，无法按季节适时农耕，常常影响粮食生产。

作为领袖的尧，为了准确地预报农时，到处寻觅，终于发现了一种植物，这就是古代传说中的一种瑞草，叫蓂荚，传说这种草每月从初一至十五，每日结一荚；从十六至月终，每日落一荚，根据荚数多少，可以知道是什么日子。

于是，尧就用这种植物为老百姓预报季节轮回，不误农耕，赢得百姓的赞美。

当地还有一个有趣的后续故事，说的是尧在用蓂荚预报季节的时候，发现蓂荚是一种有酸味的植物，如果用这种植物的汁液给饭菜调味，非常开胃，口感也特别好，还有利于胃肠道的消化，于是就向民间演示推荐，很快就受到民众的喜爱，这种汁液从此成为华夏民族的一种著名调料——醋。

图131 蓂荚：一种传说能预报节气的植物

尧的家乡，也就是山西襄汾一带，是著名的"醋乡"，可以说，礼制的最初创建是带有醋香的。

不过，尧也不是一个人，而是一个群体，陶寺早期六座大型墓里面的墓主人很可能就是不同时期的尧。

考古发现，礼制制度一旦创建，华夏文明的发展节奏明显加快，仅仅过了百年左右，在陶寺晚期，就扩建出了更大的城。

早期小城　　袖珍小城　　晚期大城

图132 陶寺大城：左侧的内城是早期的城，整座大城280万平方米的面积已经和良渚古城相当，礼制制度的资源掌控力终于可以和宗教制度抗衡了

大城面积达到 280 万平方米，城中分布着大量的居住区和手工业区，这表明这个时代经济已经飞跃式地发展，华夏部族终于扬眉吐气，摆脱了长期被强大的神灵文化压制的郁闷。

在大城东南角的一座独立的袖珍小城里，发现了超级大型墓。

其中编号为 M22 的墓，大得像一间房子，死者的葬具十分讲究，是用一根巨大的整木挖凿的船形棺。

图 133　M22 墓的复原：棺底是用一根巨大的整木挖凿而成，很可能这个墓主人是尧的继承人——舜

不过，这个墓葬被破坏过，保留下的随葬品不多，尸骨也不完整，但从墓葬变得更大规模能够感受到礼制社会的发展已经赋予领袖更大的权威。

史书记载，尧把权力禅让给了舜。

如果对应史书，这个大墓里的墓主人，很可能就是尧的继承者舜。

传说舜也是一个众望所归的英明领袖，在他的治理下"政教大行，八方宾服，四海咸颂舜功"。

这个口碑也被考古证实。

舜的时代不仅拓建了大城，而且在超级大型墓附近，考古人员还发现了一处奇怪的建筑基址，坐落在很大的夯土台基上。

图 134　太阳观测台 1：13 根夯土柱呈半环形分布，这是人造的"蓂荚"

经过复原，专家发现这座台基上有半环形分布的 13 根夯土柱，这些夯土柱构成 12 道缝隙。

图 135 太阳观测台 2：这些缝隙追逐了太阳的脚步

专家认为，这不是一般意义的建筑，而是一个观测太阳的设施，很可能是利用圆柱间的缝隙来定位太阳的移动，从而判断出一年的时间与节气。

这就是最早的太阳观测台，它和羲莱的传说相印证，反映出刚刚诞生的礼制社会对民生的造福和领袖视野的拓展。

大约 4300 年前开始，汾渭裂谷又一次起到了孵化器的作用，在汾河平原上，华夏部族经过两代首领（尧舜两套班子）的前赴后继，终于孵化出了以血缘等级为架构的礼制制度，进入了国家建设的萌芽期。

这两个分别由尧和舜领导的前期国家雏形，在史书里被称作"唐尧"和"虞舜"。

那么，为什么汾河平原会成为中国礼制制度的诞生地呢？

很可能还是和盐有关，在四个龙山文化的类型里，只有陶寺类型的分布范围覆盖着运城盐池，这种资源的存在，对陶寺部族以强大的经济实力推动礼制制度的创建一定有积极的作用。

虽然 4000 多年前的关于盐的运筹已经很难从考古上解析，但陶寺的陶器给我们提供了很多和盐相关的蛛丝马迹。

在陶寺的彩绘陶器上，可以看到陶寺人彩绘的盐池图案。这个图案周边是白色的盐堤，中间是盐的红色卤水。

图 136 彩绘陶罐上的盐池：这个图案很可能是表现盐池，中间红色的是盐卤，周围白色的是盐

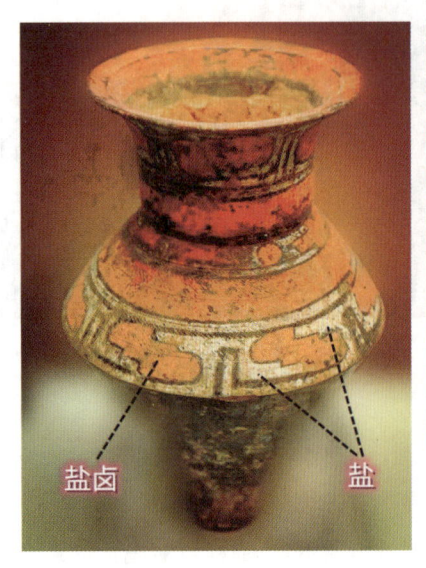

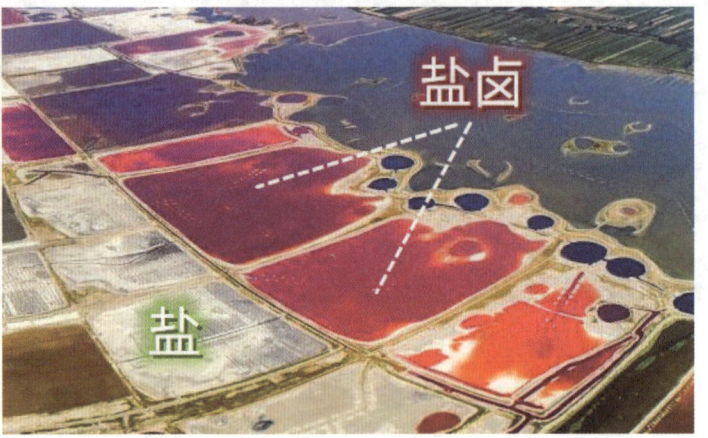

图 137（左）陶尊上的彩绘：盐池红白相间的图案
图 138（上）今天的运城盐池：也是红白相间

陶寺彩绘的盐池和现在的盐池很神似，都是红白相间，这或许就是他们对盐池的艺术表现。他们用礼器上美丽的盐池彩绘，来表达盐对于礼制的重要性。

这样的彩绘图案在陶寺有很多，足以让我们相信，陶寺展现出的"财大气粗"的280万平方米大城及社会等级制的诞生，很可能就是得自盐这种资源的支撑。

不过，陶寺虽然诞生了礼制制度，但只是一个入门级的国家雏形，这不仅因为陶寺类型体量很小，只局限在比较封闭的汾河盆地里，更重要的是，它没有能够突破礼制最顶层权力继承的天花板。

虽然这个时代，在男性大墓的周围已经出现了一些附属的女性墓葬，似乎男人对女人的支配权开始出现了，在生育的概念上应该是有了对儿子明确的血缘认定，但儿子的政治地位似乎还没有被社会接受，所以，史书记载这个时代最高权力的交接，依然是禅让。

而完善的礼制制度，是一个血缘的大树，它的树冠，必须是血缘的继承而不是禅让，但原始民主的天花板已经封盖了几千年，很难突破，因此，华夏民族还需要蓄积更大的能量，才能突破最后的原始民主的"穹顶"，建立真正的礼制国家。

十六 母亲河，爱多了也会痛

陶寺部族的尧舜两个准王朝创建礼制政权的时代，华夏大地正被大洪水伤害。

《孟子·滕文公下》记载：当尧之时，洪水横流，泛滥于天下。

《尚书·尧典》记载：汤汤洪水分割，荡荡怀山襄陵，浩浩滔天。

很多古代文献记载表明，在尧的时代，黄河流域的洪水非常严重。

实际上，陶寺的彩绘陶器也"隆重"表现了凶猛的洪水。

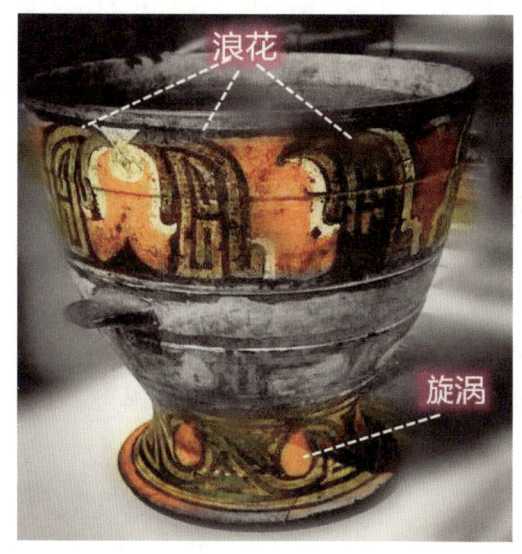

图 139 陶鬶上的旋涡纹和浪花纹：底座是旋涡，上端是带着浪尖的浪花——陶寺人把浪花都画得具有礼制的规范性

图 140 折腹壶上的旋涡纹：旋涡的动态非常稳定，似乎激流也带有被约束的美感

陶寺彩绘陶器上，除了盐池以外，很多图案都是旋涡纹和浪花纹，它们都折射出陶寺人对这个时代滔滔洪水的敬畏。

之所以陶寺部族没有走出汾河盆地，大概也和大平原洪水泛滥有关。

不过，这场滔天大洪水，并不是 7000 多年前全球变暖，海岸线升高的大水漫灌，那种全球级别的大水虽然凶猛，并不是常态，一旦过去就没有了，这里所说的大洪水，是华夏民族的文明进程和她所依赖的母亲河之间无法回避的冲突造成的。

黄河，这条世界上含沙量最大的河流，给华夏大地创造了最宝贵的财富——黄土冲积平原，因此，从这个意义上说，黄河就是华夏民族的母亲河。

但是，土壤需要河道来输送，而输送泥沙的河道往往是短命的，因为，河水里的泥沙会不断地填充河道，造成洪水泛滥。

从某种意义上说，洪水曾经是早期农耕的朋友，因为洪水泛滥带来的泥土可以更新土壤，让土地一直充满活力。

但是，随着社会的发展，洪水带来的危害逐渐大于它的好处了，曾经几乎可以无限轮替耕种的广袤土地，因为人口增长，居住生活区和农耕区不断地扩大，土壤更新获得的福利已经无法抵消洪水造成的伤害了。

黄河既可以制造无比优越的土地，也可以任性地肢解这些土地，如果不能控制黄河，华夏民族会被冲得七零八落，很难集结成一个强大的文明。这就是土地"供应链"的自噬。

因此，华夏民族到了必须向母亲河说不的时候了。

于是，史书记载，华夏部族的领袖尧，委派一个叫鲧的人去治理洪水。

传说鲧是夏族的首领，他的封地在河南省中南部嵩山一带，而这个地区在考古上，主要是被"龙山四兄弟"之一的王湾三期类型所覆盖。

《吕氏春秋》记载："夏鲧筑城"，这个意思是，鲧对付洪水的方法是筑城。

不过，古人不会不知道，城墙只能局部阻挡而不能消除洪水，更不能保护大面积的村庄和耕田。

但这是不得已的"退而求其次"，因为黄河是一个无敌的河道杀手，人们在石器时代，没有能力建造足够结实的大坝约束河水，因此，无数次的疏通失败之后，只能筑城作为避难所，尽量地用堡垒式的局部防御减少洪水对人和财产的伤害。

目前发现王湾三期年代最早的城址，是在河南省漯河市郝家台。

这个城址大约建造在 4600 年前，南北长 222 米，东西宽 148 米，城墙高 5 米，是一座长方形的城，面积 3 万多平方米。

专家们在城里发现了一些居住遗址，有很多排房，其中一排有 10 间，另一排则达到 14 间。

令人感到奇怪的是，这些排房有一个共同点，就是没有灶台。这是很奇怪的，因为，房子作为基本的生活单位，大部分都会有做饭的设施。

然而，这个疑惑在这座城里得到了解答，考古人员发现，在城中靠南的另一处房址里，有很多的灶台，完全超出了一间房子提供餐饮的功能需求，专家认为，这似乎是一个公共厨房，是集中做饭的地方。

由此看来，这个城里的人是住集体宿舍和吃集体食堂的。

在食堂的附近，还有一间大房子，可能是一个大型公共活动场所。

这座城里的生活方式和一般的聚落不同，却很符合避难所的特点，因为城墙可以保护百姓，一旦来了大洪水，附近的人就可以暂时躲进城里，这样，大量密集的人口拥进来，住房就不能满足一家一户（这个时代已经有了家庭），而必须临时过一种集体生活。

在郝家台东部不远的淮阳，也发现了一个王湾三期的城址，叫平粮台，建造年代大约是 4600 年前。

这个城址呈正方形，每边长 185 米，城墙高约 3 米，面积大约 5 万平方米。

城里也发现了一些排房，这一点和郝家台很像，似乎也是过集体生活。

十六 母亲河，爱多了也会痛

图141 平粮台复原图：中国的门卫制度起源于这座城，而且还是卫生模范城

值得注意的是，在城门南端，发现一组对称的门卫房，这是中国历史上首次出现这种功能性门卫建筑。

双门卫房显然会有利于进出城的管理和检查，这似乎表明这个城址有"闲人莫入"的意味。

考古人员在这座城里居然还发现了下水管道，它们构成了一个相当"高级"的排水系统。

图142 平粮台的下水道复原：这种下水道系统的成熟度，让人们有时空错位的惊叹

这个4600年前的排水设施由三条陶管组成"品"字形。它们铺设的长度大约200米，这伟大的200米，至少比同时代的其他居住环境领先了2000多年（史书记载直到秦汉时期才有下水道）。

在这里建造排水设施，很可能是因为来应急避难的人太多，卫生太差，所以不得已而为之，用来排污。

但也可能这个平粮台是一个高档避难所，接待"高端"人物，因为那个时代已经有了等级制，所以，为了"高端"人物的舒适，就设计了下水道。

这似乎也解释了双门卫房的功能，它们可以让那个时代的"保安"甄别有资格进城避难的人。

王湾三期最壮观的城，也是"五星级"的避难所，是位于新密市的古城寨古城。

图143 古城寨的城墙：建造于距今4100年前，今天依然在地表挺立，这是我们的祖先黄土夯筑的杰作

古城寨大约建造于4100年前，是最古老的还能够在地面看到城墙的古城，它的面积大约18万平方米，城墙高10～16米，而底宽达到40米左右，足以抵御任何级别的洪水。

图144 古城寨复原：4100年前黄河冲积平原上最大的避难所和治水工程指挥部

在古城寨，出现了很可能是中国最早的围合廊庑式宫殿建筑。

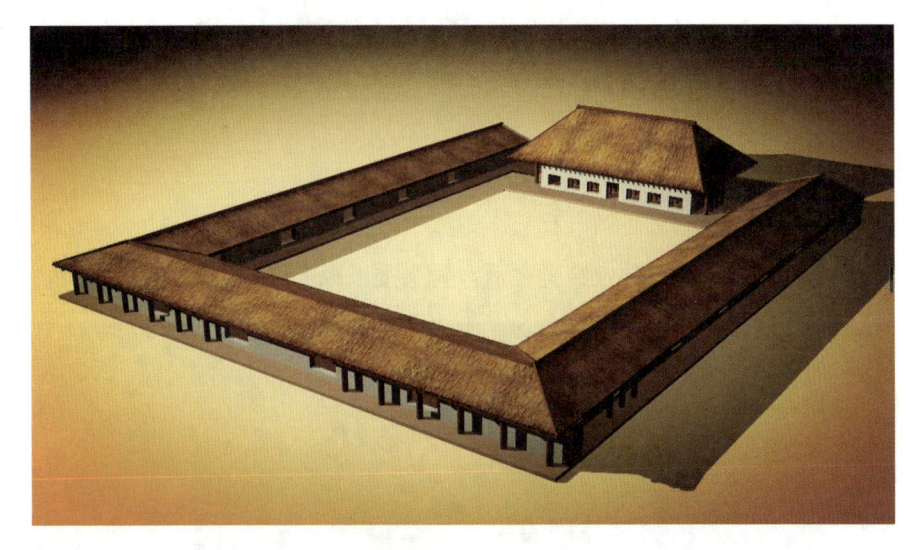

图 145 古城寨宫殿复原：这很可能是中国最早的经典"四合院"风格的宫殿

这座建筑有一座正殿，其他三面是廊屋，这是四合院的原创。

四合院的重要特征就是四面围合出大量的中央空地，特别强调廊房对主殿的拱卫，这是等级制在建筑上的萌芽。

古城寨很可能是王湾三期的部族最大避难所兼治水工程指挥部。所以，这座城必须绝对安全，因此居然出现了 40 米宽的超厚城墙（长城的根基宽度才 6 米左右）。

不过，无论造多少城，这种避难所方式都不可能真正解决洪水的威胁。即便高耸的城墙可以局部地保护一些人和财产，但城外大片的农田和房屋则难逃洪水踩躏，因此，这种不断重复的、无休止轮回的灾害性损耗，是农耕文明承受不起的。

从郝家台到平粮台再到古城寨，至少跨越了四五百年，王湾三期部族一直不懈地和洪水奋力抗争。

史书记载，鲧筑万仞城治水，功用不成，水害不息。

鲧作为夏族的首领，肯定也不是一个人，而是很多首领形象的浓缩，遗憾的是，他们都失败了。

黄河，我们的母亲河，它给了我们太多的水土福利，但爱多了，也会痛！

能否搞定洪水，驯服黄河，是对华夏文明存亡和发展的一个巨大考验。

十七　黄河背影中的国家奠基

传说，鲧最终被尧责罚，而在尧传位给舜之后，舜又委派鲧的儿子大禹，继续治水。

图146　治水英雄大禹：感谢他彻底治理了黄河，也感叹黄河把他推上了国家奠基者的地位

大禹在中国历史上是一个非常重要的里程碑式人物，不仅因他的伟大，而且因他相对的真实性。

在他之前，几乎所有的领袖人物，都是群像，古代文献没有把他们的头衔个体化地区分开，比如炎帝黄帝，他们的传说和对应的年代长达千年，肯定是很多个人，但在古代文献里，都浓缩成一个形象，颛顼、尧和舜，他们的传说和考古对应的年代有数百年，可能也有很多个人，最后也浓缩成一个形象。

而从大禹开始，华夏领袖的记载大都是具体的个人了，并且，这些具体的个人，基本上和考古年代吻合。

这表明，时代在进步，民族的集体记忆正趋于成熟，因此，关于大禹的很多文献记载，比之前的任何一位华夏领袖，都更具有参考价值。

史书记载，大禹深知在技术受限的情况下一条洪水泛滥的大河是很难治理的，无论是局部疏通河道还是建造避难所，都不能从根本上解决水患，因此，他认为彻底治理黄河只有一个办法，就是把黄河从华夏腹地上移走，让这条母亲河"退休"。

大禹把一条大河迁移的构思，绝对是前无古人的宏大设想，也是拯救华夏文明的唯一出路，需要的不仅是极大的勇气，而且还有宏大的智慧。

大禹究竟是怎么操作的呢？

我们只能在缺少足够考古证据的前提下，通过历史文献及河道的地理变化试着解析这个华夏伟大水利专家的工程蓝图。

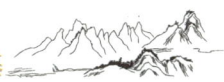

文献记载，大禹治理黄河的宏伟工程首先从上游开始。大禹认为，要想迁移黄河，前提是黄河整体必须健康，而上游就是黄河的"上半身"，尤其不能出现"心梗"和"脑梗"，否则一条瘫痪的黄河是无法做迁移"手术"的。

图 147 黄河峡谷：吕梁山和太行山之间岩石挤压的狭窄河道，极容易发生"梗阻"

黄河"上半身"在黄土高原上，要穿过吕梁山和太行山之间的峡谷，这里地壳坚硬，河床狭窄。

特别是壶口至龙门一带，都是被大山挤压的岩石嶙峋的河道，经常出现塌方和堆堵，造成堵塞，不仅会给周边带来水患，更严峻的是，堰塞湖一旦破溃，下游随时会面临灭顶之灾。这也就是大禹担心的"梗阻"。

因此，要避免形成堰塞湖，就必须劈山凿石，把过于狭窄和容易塌方的河道拓宽，让水流通畅。

图 148 大禹治水主要靠广阔的视野

传说当年大禹不仅仅勤劳和辛苦地工作，而且也掌握了很多民间科技。在那个时代，没有铁器和炸药破石，于是，大禹就让人在冬天施工，先用火烤热这里的岩层，然后用冰水去浇，经过热胀冷缩，岩石自己就会崩裂。

97

裂谷 长河 悠悠中华

大禹用这样的"外科手术"解决了黄河峡谷间的"梗阻",因此,在黄河的上游,陕西和山西有很多大禹的纪念庙宇,大概就是和这一类传说有关。

如果黄河中上游的梗阻去除,算是比较小的"手术",那么,在黄河的中下游如何迁移黄河,是真正高难度的大"手术"了。

踏遍千山万水的大禹终于确定了动这个惊天"大手术"的地点。

现在的黄河是从郑州一路向东,在山东入海,远古的黄河虽然没有固定河道,但也基本上是走这个方向。而大禹要动的手术是把黄河拦腰折断,"截肢"之后掉头向北,几乎紧贴着太行山的东麓,从天津入海。

为什么会选择这条线路呢?

一方面这里远离中原,更重要的是,这里有一条天然的地质断裂带。

这条断裂带的起点,是在河南鹤壁的大伾山附近。

大伾山也叫禹贡名山,是因大禹而得名。大伾山虽然不高,但平地拔起,山势巍峨,上面有很多文人墨客的朝圣题跋,更增添它的厚重人文气息。

这里也被当作大禹治水的工程枢纽,大禹曾经在这里,指挥万千民众,齐心协力,把黄河的"下半身"强行"掰"到这里,掉头北去,进入断裂带,绕开大平原,从天津一带入海。

大伾山下,有大禹的庙宇和塑像,这里的大禹,一派帝王气象,这是寓意大禹因为在这里成功地治理了黄河,终于赢得了天下。

而这条黄河的新河道因由大禹开通而得名,在中国古代地理名著《水经注》里被记载为"禹道"。

大伾山附近有一个被传颂很久的黄河故道的故事,说的是隋朝末年,瓦岗军起义,和敌人作战,被困在这个地方,战斗非常激烈,死了很多的人,而他们在埋葬自己死亡战友的时候,发现这里有一种胶泥,可以制作像鸟一样的泥塑玩具,并且能够吹出一种凄婉的声音,于是瓦岗军就用这种声音寄托对死去战友的哀思。

这种泥塑就叫泥咕咕,必须用胶泥来制作,而最好的胶泥,就在黄河的故道里,是由河水对沉淀的泥沙长期的压力和浸泡所形成的。

大伾山附近,有大量黄河的胶泥储存,人们在田野路边随处都能取到,而且土层很厚,这表明古黄河曾长时间流经这里。

图149 泥咕咕:大伾山当地的手工艺品,用黄河的胶泥制作,可以吹出哀婉的声音

今天,大伾山一带有很多制作泥咕咕的民间艺人,形成了黄河胶泥文化的产业链。这些造型古怪,又颇有历史底蕴的黄河工艺品,带给我们长久的关于黄河古道的记忆。

十七 黄河背影中的国家奠基

图 150 批量手工制作的泥咕咕：大禹的功勋转化为长久的民间文化

禹道的发现，是华夏部族的幸运，它利用一个地质断裂带形成的地槽，正好绕开中原把黄河送走。而这条断裂带的地槽深度，足以容纳大量黄河的泥沙，至少在一千多年的时间里，不会被填平，可以一直保障黄河安全流淌到华夏民族有能力筑坝的时候。

不过，断裂带也是地震的多发带，在这个断裂带上，有一串经常发生地震的城市，它们是邢台、邯郸、唐山……

这些地震曾经给我们的国家和人民造成了很大的损失，但是，这也许就是我们必须为远古文明发展而承受的地理代价。

或许我们今天并不知道，曾经极大地受惠于黄河的华夏民族，在多年前，我们的祖先，居然努力地把黄河移出中原，让我们的母亲河"退休"，以避免她误伤自己的儿女。

这就是华夏文明的成长过程之中与黄河母亲的一次无奈的"分手"，而恰恰从送走黄河开始，华夏民族摆脱了依靠母亲哺育的幼稚童年，开始正式进入成熟的国家奠基进程。

当大禹成功治理了黄河之后，天下洪水绝迹，这个不可思议的巨大功绩和他耀眼的人品光环，足以把一个需要极致道德才能创建的礼制国家，孵化出来了。

传说派大禹去治水的舜，心悦诚服地把他的权力禅让给了大禹。

这也是华夏民族历史上最后一次被传为美谈的权力民主禅让。

大禹创建了最早的国家——夏，因为他的部族就在夏地，也就是考古上的龙山文化王湾三期覆盖的区域。

大禹治水，让黄河至少"安静"了 1500 年。

黄河用她远去的背影，托举起了中国第一个国家。

十八　礼制最后竣工的"吊顶"

华夏第一个国家——夏的立国时间，根据史书记载和多种考证，包括声势浩大的夏商周断代工程的倒推算法，大约是公元前 2070 年。这是一个被各界（史学界和考古界）都接受的比较准确的时间点。

考古专家在嵩山脚下，河南登封市告成镇的王城岗，发现了一座古城址，大约有 30 万平方米，是王湾三期类型晚期最大的城址。

王城岗城址的年代经过多个样本的精确判断，距今 4000 多年，非常符合大禹治水立国的时间点，被认为可能是大禹的都城。

图 151　王城岗城址复原：这个并不规则的马蹄形城，代表着华夏大地终于终结了黄河水患，并且迎来了第一个礼制国家

把王城岗作为大禹都城的另一个重要依据，是古代文献记载："禹都阳城"。

而巧合的是，考古人员在王城岗附近发现了一座战国的城址，在这个城址发现的一些陶器上，有"阳城"两个字，证明这个遗址就是战国的阳城。虽然战国时期距离大禹所处时代也有 1000 多年，而且古代地名也会变化，但这毕竟是离大禹最近的"门牌"登记了。

因此，综合考古和文献记载，很多专家认为，王城岗很可能就是大禹的国都——阳城。

不过，王城岗出土的器物非常简朴，陶器制作很普通，和陶寺相比，没有明显的礼制王权的豪华特征，专家认为这可能是考古上的缺失，毕竟4000多年了，很多文物已经损毁。

但也很可能是大禹把所有的财富和心思都用来治水，传说他"三过家门而不入"，当然无暇顾及都城的建设。

其实，此刻大禹真正收获的，不是外在的权力包装，而是建立一个礼制国家所需要的实质性突破——顶层权力的父子继承。

华夏民族建立礼制国家，是一个血缘等级制度。这是一个在各个层级上都必须实行血缘父子继承的制度，但这个制度创立的初期，恰恰在最顶层，是父子继承的禁区，这里只允许禅让。

图152 阳城陶器上的文字："阳城仓器"

这显然和礼制的系统是冲突的，如果没有君王父子的血缘继承，礼制的规矩就不合逻辑，因此，完善这个制度必须突破千百年以来的禅让制，在最高权力层面实现血缘上的父子继承，否则，礼制制度将因为无法"封顶"而成烂尾工程。

这个历史使命，落在了大禹的肩上。因为只有大禹治水定天下的极其闪亮的功德光环，才能打破这个原始民主的"心魔"。

史书记载大禹虽然并没有直接宣布让儿子启继承王位，但用自己的威望，成功地抬高了启的政治地位，他让自己的儿子启一直跟随自己，担当了很多重要的职责，在民众中建立了威信。

史书记载：禹子启贤，天下属意焉。及禹崩，虽授益，益之佐禹日浅，天下未洽。故诸侯皆去益而朝启，于是启遂即天子之位，是为夏后帝启。

这个意思是，大禹的儿子启，非常贤能，大禹逝世后，虽然按照传统程序，要把权力给一个叫益的人，但益和大禹的关系一般，没有终日相随地帮助大禹，天下不服，于是，人们便去朝拜启，启就成为天子。

可以说，大禹治水的不世功勋的光环，有足够的亮度照亮了自己身边的儿子，为父子世袭制扫清了障碍。

不过，夏第一都城——王城岗城，居然存在的时间很短，只有几十年就被放弃了，似乎大禹的儿子启，没有继续坐守这个中国诞生第一个"太子"的都城。

实际上，启继承王位，并不是"躺赢"。

有记载说："益代禹立，拘启禁之，启反起杀益，以承禹祀。"

这个意思是，曾经准备按照禅让传统接任大禹权力的益，怕启不服，就把启囚禁了起来，但启没有逆来顺受，而是反过来把益杀了，继承了大禹的王位。

可以想象这个时期启的王位继承之路还是很艰难的，因此，启放弃王城岗，很有可能是对国家政治力量的一次洗牌，打乱盘根错节的各派势力，让自己更有主动权。

历史上有很多迁都行为就是为了改变内部的政治力量对比。

那么启又在哪里重新建都呢？

考古学家在河南新密市的新砦村，发现了一个距今4000至3900年的城址。

新砦整个城址有近100万平方米，比王城岗大3倍多。

考古证明，新砦遗址和王城岗遗址有直接的承接关系，因此，专家认为，新砦很可能是夏启的新都城。

史书《穆天子传》记载："夏启居黄台。"

据《水经注》及地方志考证，黄台就在新砦附近，这和考古结论是一致的。

新砦城址作为王城岗城址的延续，有一个很重要的特征，这就是它的城墙只修建了一半多一点就被放弃了。

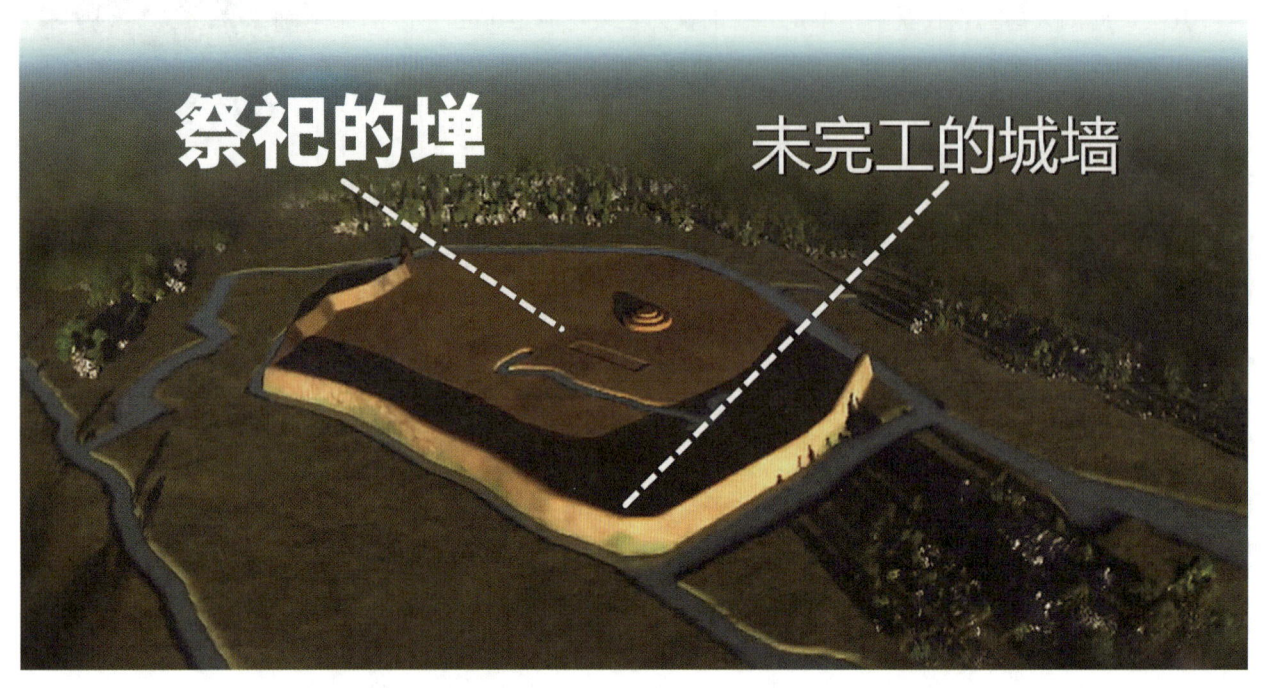

图153 新砦遗址基础复原：作为很可能是夏的第二个都城——新砦的城墙只建了一半，显然，这个"烂尾"工程恰恰是对治水成功的最牛的表彰，因为用城墙拦截洪水的时代从此结束了

而这恰恰证明大禹治水之后的变化。因为大平原上的城墙主要是用来防水的，一旦水患止息，城墙当然就没有必要存在了。

很可能，在新砦城墙习惯性修建的过程中，人们突然恍然大悟，肆虐千百年的洪水没有了，天下已经安定，城墙的避难使命结束了，于是断然停工。甚至可以说，新砦遗址中不完整的城墙，既是一种战胜洪水的豪迈宣言，也是一种值得炫耀的烂尾工程。

在新砦城址虽然没有找到房屋一类的建筑，但在城址的中央，发现了一个半地下的露天场所，面积很大，有1000多平方米，地面是坚硬的夯土层，附近还有用来祭祀的猪。

专家认为这叫作墠，是专门用来祭祀的地方，虽然祭祀的场所在以往的考古中曾经被发现过，但这么大面积的，并且位于城址中央的祭祀场所，前所未有。

很可能启刚刚继任，遇到很多继位的阻力，需要通过频繁的祭祀和隆重的仪典，尽可能借助父亲大禹的光环来加强自己的威望。

史书记载，启对自己的士兵说，你们要努力地杀敌："用命，赏于祖；不用命，戮于社"。

这个意思是，启在祭祀的地方，用父亲大禹的名义犒赏勇敢的士兵，惩罚胆小的人。

启作为史上第一个靠父子血缘继承王位的统治者，不仅通过祭祀稳固自己的权威，而且，从这个巨大的城中央的墠开始，祭祀将成为礼制国家的头等大事，因为祭祀是父子世袭的联通"热线"，是一种政治财富的"授权",就相当于从祖先荣耀的"账户"里支取权力的"现金"。

新砦的陶器依然很朴实,新生的国家政权继续保持着低调,但是,这种低调中开始隐隐出现统治者的霸气。

在这里考古学家发现了一片雕刻着图案的碎陶片,上面绘有一个不完整的动物的脸部形象,专家对这个形象进行分析以后,认为这很可能是饕餮纹的原型,或者叫龙脸。

图154 新砦陶片上的龙脸形象的雏形:这个形象将会逐渐成熟并对历史产生深远的影响

它太珍贵了,中华民族的龙脸最早的正面造型,居然是在夏王朝的第二个都城——新砦发现的。这个形象最终"定稿",将成为华夏国家重器上"霸屏"时间最长的一个灵魂图标。

因此,这个第一次出现在新砦的龙脸,虽然很小,高不到十厘米,还有点残损,但它内含的信息量足以支撑这个城墙烂尾的新砦城址,代表了当时华夏民族最有生命力的政治权力中心。

从王城岗到新砦,一段"烂尾"的城墙,最终搞定了华夏国家礼制制度父子继承的天花板"吊顶"工程。

十九　定都二里头

3900年前左右的新砦时期，是中国大地上各种文化大洗牌的尾声时代。

从考古来看，点亮北方辽河流域文明之光的红山文化，5000年前就消失了，南方长江流域一度双星闪耀的凌家滩文化、良渚文化及后来登场的中南地区的石家河文化等，基本上都在4000年前先后被"清场"了。

值得注意的是，这些来去匆匆的文化基本上都是神灵或者有神灵倾向的文化。可以说，神灵文化往往爆发力很强，能瞬间聚集强大的社会资源，但高光时刻之后，持久力远不如非神灵的血缘文化。

这个时期除了华夏部族以外，充满活力的是黄河流域下游的山东龙山文化。

山东龙山文化是大汶口文化演变而来的，这个被泛称为东夷的黄河下游部族集团，在漫长的岁月中，一直和中游的华夏集团明争暗斗，但又眉来眼去，他们之间有个最大的默契，就是拒绝神灵。也正因为有了这个强大东方近邻的存在，华夏部族才没有被周边的神灵文化三面合围，因此，我们要感谢这个黄河老街坊。

这个时代，山东出现了大量龙山文化的城址和聚落，迎来了黄河下游人口新的扩张和经济繁荣，其中特别引人注目的，是他们的手工业制作水平达到令人望尘莫及的新高度。

著名的蛋壳陶就是这个时代诞生的，这种陶器也叫黑陶，它的陶质十分坚硬，可以把胎壁做得非常薄，如同蛋壳一般，因此而得名蛋壳陶，它只有零点几毫米厚，薄到甚至可以透过蜡烛的光。

因此，蛋壳陶被赞誉为：薄如纸，硬如瓷，明如镜，黑如漆。这种工艺现代人都很难模仿出来，是当之无愧的那个时代世界陶器制造的巅峰。

但是，令人非常奇怪的是，就在蛋壳陶惊艳天下的时候，山东部族的发展突然"抛锚"了。

图155　蛋壳陶：山东龙山文化的工匠创造的陶器巅峰工艺

考古上，山东龙山文化被岳石文化覆盖，聚落的数量大量减少，城址也几乎没有了，就相当于原来繁华的大都市，一下子变成了人烟稀少的穷乡僻壤。

岳石文化的陶器和山东龙山文化的陶器有天壤之别，不仅精致的蛋壳陶全面下架，就连一般的生活陶器制作也沦落到地摊货级别。

为什么山东的部族会出现这样断崖式的衰颓呢？

这或许就是一个隔壁邻居"陪考"失败的案例。

山东的部族，和中原的部族一样，都是非宗教文化的部族，他们的文化虽然远比宗教文化"长寿"，但发展到一定程度依然会有瓶颈，中原的华夏部族最终找到了突破"瓶颈"的方式，一个走向国家发展的路径——礼制制度。

而山东部族在走向更高阶的文明大门的时候，最后的临门一脚似乎踢软了。

他们的杰出工匠可以把陶器雕琢得精美绝伦，却没有设计出创建国家的图纸。

现在看来，非宗教的血缘文明，因为没有神灵膜拜，或许礼制制度是一个必由之路，因为这种制度可以通过血缘纽带行政化，推动社会的进步。

很可能由于山东部族缺少大禹这样伟大的超级英雄，也缺少运城盐池这样具有社会支配性的资源，所以，这个区域的文化最终没有得到足够的能量，从原生血缘社会破茧而出，升华成一个有强大权威的国家。

文明，不进则退！

一个黄河血缘文明在坚持了5000多年之后，终于成为一锅夹生饭而黯然沉寂了。

而代表华夏集团元气满满的新砦文化，此时此刻正在礼制国家建设的道路上踌躇满志地探索前行。

大约3800年前，考古显示夏人放弃了新砦，一路向西，到河南洛阳盆地偃师市的二里头村建立新的都城。

这么大跨度的地理迁都——从大平原迁到小平原，是发生了什么事情了吗？

是的，这个时代，夏王朝突然接到了一个大红包。

这个大红包来自石峁！

专家在陕西省神木市的石峁村，发现了一个4300年前的超大城址，这是一座巨大的石头城，面积有450多万平方米，比良渚和陶寺的土城都要大得多，坚固得多。如此宏伟的建筑规模，居然出现在人类活动极为低调的黄土高原的腹心地带，这震惊了考古界。

图156 石峁遗址：4000多年前这个山梁上出现了一座450万平方米的石头大城

整座大城不规则，依山势而建，分为内城和外城，可谓防范森严。

图 157 石峁城墙：不仅高大，而且用衽木插入城墙，使得墙体极为坚固，这大概也是我们今天还能看到它完整存在的原因

这里的城墙不仅是石头垒砌，而且技术含量很高，在墙体里，专家发现了很多衽木，可以很好地起到拉扯石块的作用，使得城墙更加坚固和经久耐用。

一些专家认为，从石峁遗址发现的很多农耕工具来看，石峁古城基本上是农业社会形态（石峁的文化属性还在讨论，很可能是受到庙底沟二期影响的地方文化），农耕是他们的主要经济来源，这也就解释了他们为什么建造造价如此高昂的石头城，因为石峁所在的区域，气候逐渐地向干旱转变，周围已经或者逐渐地成为游牧环境，而他们作为一个坚守农耕的部族，一定会被游牧部族觊觎，因此，石峁人必须用强大的石头城保卫自己的财富。

十九　定都二里头

图 158　石峁城模型：由内外两道城墙组成，很不规则，依山势而筑，从某种意义上说，这似乎就是长城的雏形

石峁内城的核心是皇城台，高 70 米，由多层石墙阶梯层叠保护，筑成类似金字塔的造型，非常宏伟。最上面是宫殿和池苑，应该是大首领居住的地方。

在石峁遗址发现了大量的玉器，有几千件以上。这些玉器中有玉璋、玉珪、玉钺，等等，大多都是礼器。

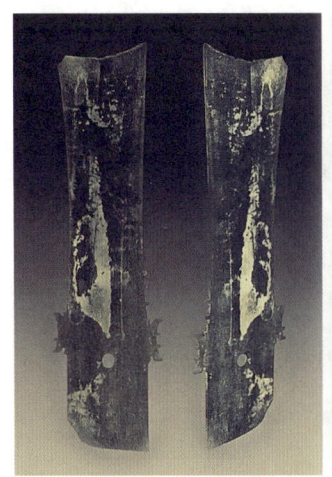

图 159　玉璋：礼器（左）；玉珪：礼器（右）　　　图 160　玉钺：礼器

玉这种材料虽然最早用于通灵，但在这里，石峁人把它做成了礼器，从某种意义上说，石峁人的玉礼器打破了宗教对玉的垄断。

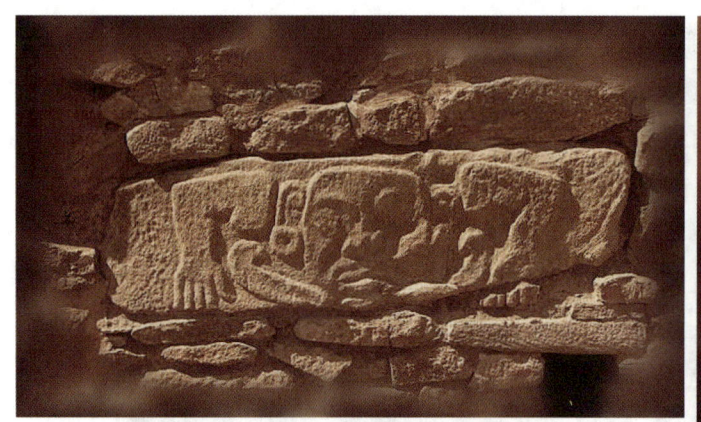

图 161（上） 城墙石雕：凶悍的力士
图 162（右） 石雕：另一种凶悍的力士

石峁也出现了护法的形象，它们有很多被刻在城墙的石头上，有的被雕在圆形石柱上，内容大都是力士的夸张凶悍的造型。

不过它们不代表神，不是被供奉的对象，就像陶寺遗址发现的盘龙纹陶盘里的龙形生物一样，都属于镇场的护法，它们提供礼制社会所需要的霸气。

专家认为，能建造如此巨大的石头城和囤积大量玉石资源，就足以表明，石峁是一个非常强大的势力。

然而，考古人员发现，在黄土高原上，居然还有很多类似石峁这样的遗址，它们几乎都是建在山梁上，都有大型建筑和大量玉礼器，也都体现着礼制的文化面貌。因此可以说，一旦华夏部族装上礼制的"发动机"，就能很快地发展壮大。

之所以大量礼制城邦纷纷生长在4000多年前的黄土高原上，一方面很可能是曾经庙底沟"生态工程"的大面积"播种"终于开花结果了，还有就是那个时代大平原被洪水蹂躏，华夏文明的能量只能扎堆"憋"在高原释放。

而大禹平定洪水，开创了华夏新纪元，自然是一件惊天动地的大功勋，从此可以让黄土高原上的文明能量不再被约束在丘壑深谷之中，获得挺进大平原的广大发展空间。

因此，赢得天下民心的夏王朝，在白手起家建国的关键时刻，得到了来自黄土高原的势力的巨大支持，这个势力的代表就是石峁，它给夏人砸过去一个超级大红包。

这个大红包就是石峁人灭了陶寺。

考古证明，陶寺晚期被入侵破坏，很多大型墓都被损毁，而入侵者很可能就是石峁人，因为陶寺晚期出现了很多石峁的器物。

石峁人为什么灭陶寺是一个谜，有人认为，很可能两个部族之间有宿怨，所以发生了冲突。还有一种观点认为，陶寺部族占据了重要的资源，这就是盐池和铜矿，而石峁人对大禹惊天地泣鬼神的功勋深怀敬意，希望他的王朝统领天下，所以他们就把陶寺的势力给"清理"了，让夏人得到陶寺拥有的资源。

从考古来看，他们与夏人联手，由于石峁灭了陶寺，夏人就第一时间占领了山西南部的汾河平原，从此夏人就拥有了对运城盐池和中条山铜矿的控制，得到了建立强大国家所需要的重要资源。

这或许也是夏人从新砦向二里头迁都的真正动机。

二里头处在伊河和洛河的平原上,属于黄河的支流平原盆地,虽然没有黄河大平原那么开阔,但由于在地理上靠近运城盐矿及中条山的铜矿而成为战略要地。

石峁城被放弃的时间是3800年前,而二里头建都时间也是3800年前,正好衔接,更重要的是,在二里头遗址中,出现了很多石峁的文化元素,完全可以证明他们之间的合作关系甚深。

从某种意义上说,正是由于夏王朝接到了石峁送的"大红包",才能够拥有重要的建国资源,并且以华夏第一个礼制国家的姿态强大起来。

二十　烟熏火燎也要忍的王宫

考古人员在二里头村，发现了一个大型遗址，总面积达到 3 平方千米。

遗址中有宫殿群及宫城，宫城外还有各种作坊及祭祀区，周围还有很多的民居，这个遗址的规模及丰富的内容已经表现出了一个国家级都城的面貌。

二里头遗址外围没有防大洪水的厚重的城墙，只有一个小型内城戍卫王宫，这分明是夏王朝向世人宣告：大禹治水功德无量，天下再无洪水担忧。

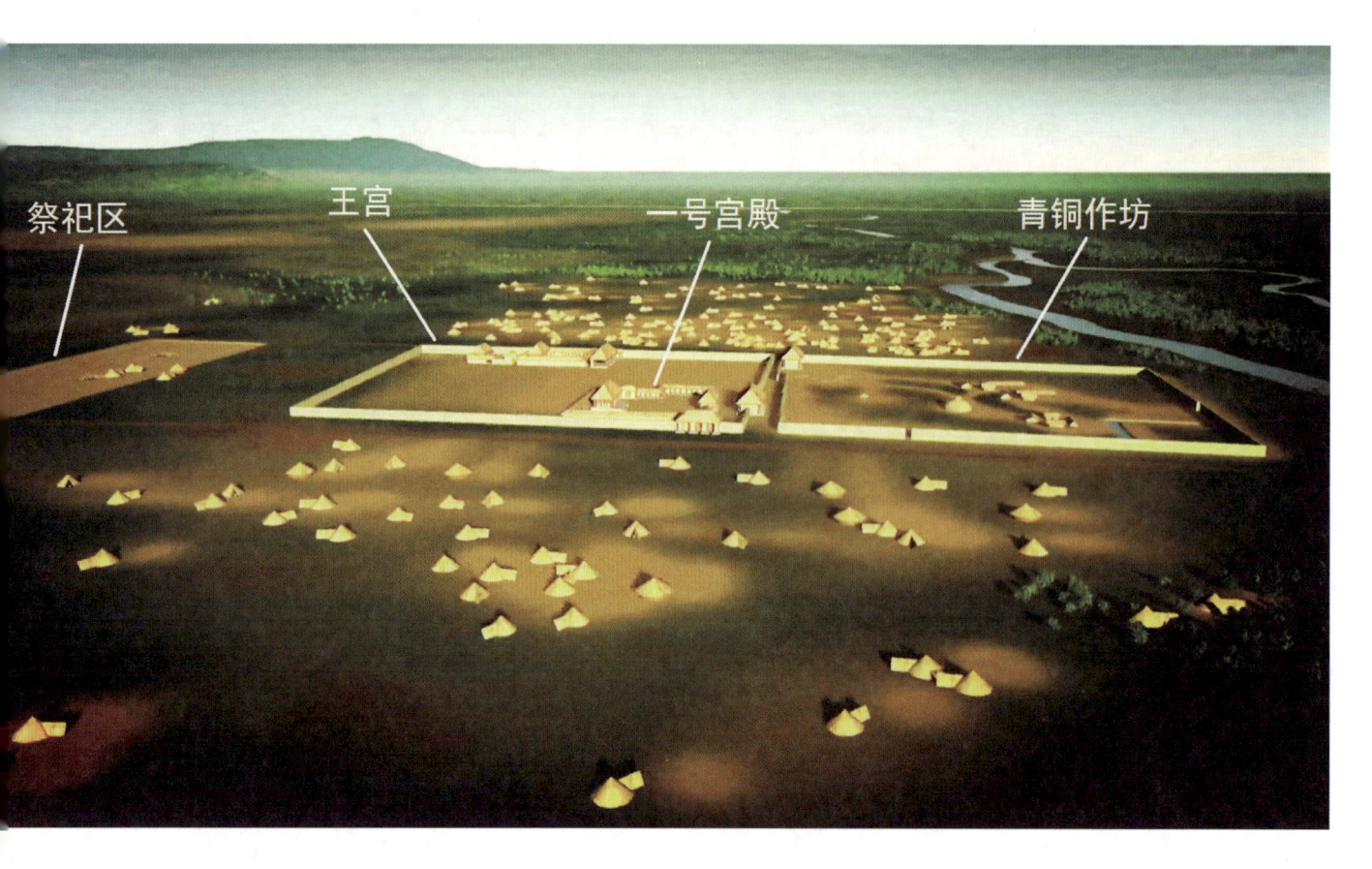

图 163　3800 年前的二里头王宫复原：王宫被宫城围住，令人惊讶的是，一个和王宫几乎同样大小的青铜作坊居然紧挨着王宫

宫城里面发现了一个不太完整的宫殿群，其中最大的一号宫殿，位于宫城的左前方，整个地基高出地面近一米，总面积 900 平方米，这座宫殿和古城寨的四合院很像，但规模更大，主殿坐落在夯土台基上，宫殿的四周用廊庑围合，中央的大院子体现了主殿强大的气场。

二十 烟熏火燎也要忍的王宫

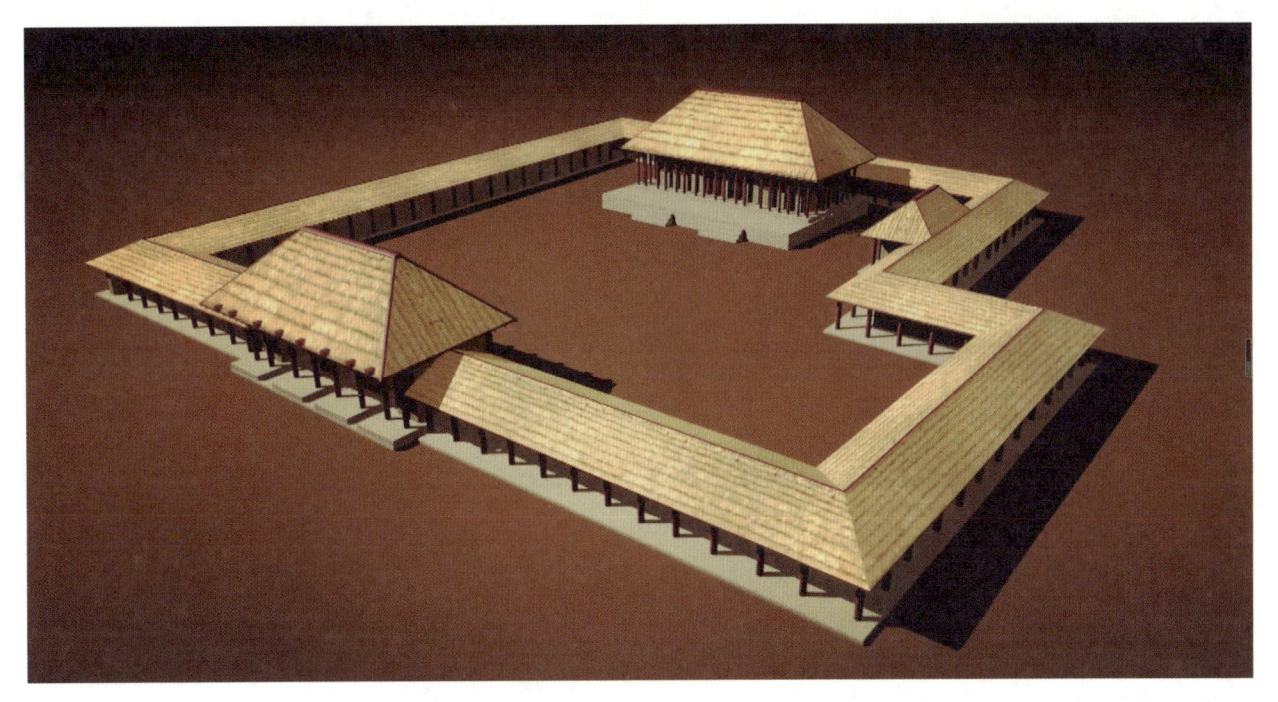

图164 二里头一号宫殿：整个设计并不均衡，有点偏向一侧，多出一块，但似乎不是设计的缺陷，而是另有功能

但是，这个宫殿并不规则，东边多出了一个侧院，有人认为这体现了它作为源头样式的不成熟。

然而，这座宫城的东面贴近宫墙的中后方，还发现了2号宫殿，略小一些，却是标准的四合院样式，既然偏殿都能四四方方，设计师的资质肯定是过关的，不会没有缘由地把主殿搞得不平衡。因此，一号宫殿多出的侧院，或许是有特殊功能的。

二里头遗址出现了很多陶器，其精致程度远远超出王城岗和新砦的制作水准，把原来乡镇企业的品质，一下子提升到行业一流。看来，充满活力的夏王朝吸引了很多高人加盟，他们的眼界和技能不断地提升。

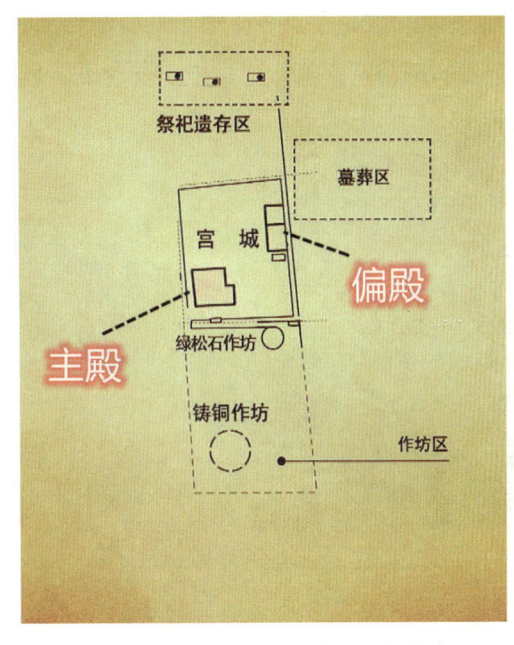

图165 二里头王宫考古遗址图：右边的偏殿是四四方方的，证明主殿多出一个侧院很可能是有意为之

111

图 166 二里头文化陶器：和龙山文化的陶器相比，技术和造型已经有脱胎换骨的升华，散发着扑面而来的艺术灵气，二里头一定是一个艺术人才荟萃的大"沙龙"

但是，陶器在这个时代，无论制作得多精致，也不再具有主角光环了，因为在二里头出现了一种新材料，这就是将要对华夏文明产生深远影响的青铜。

青铜冶炼技术并不是中国发明的，而是来自西亚。

大约在6000年前的伊朗，发现了世界上最早的青铜制品。

在甘肃省东乡县林家村的马家窑文化遗址中，发现了一把5000年前的青铜刀。

图 167 马家窑文化青铜刀：它不大，只有12厘米左右的长度，却为1000多年以后的华夏礼制文明的构建做了重要的技术搬运

这是中国目前找到的来自西亚冶铜发源地最早的技术传递节点。

这条线路，应该是得益于5000多年前甘肃秦安大地湾庙底沟势力的西部拓展，它们很可能在向古埃及输出了尖底瓶这种酿酒器的设计，以及引进金字塔混凝土技术的同时，也疏通了一条连接西亚走廊的酿酒——青铜之路。

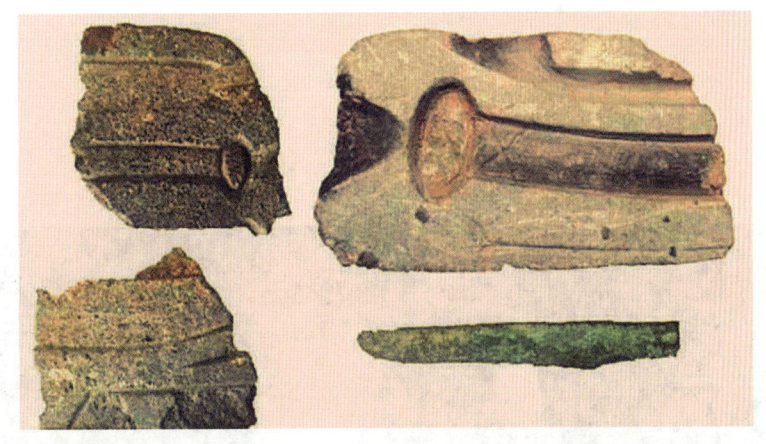

图 168 石峁铜刀，铸铜模具：这是华夏大地上发现的最早的冶铜工具，足以证明，石峁人是夏人的炼铜师傅

在石峁遗址，也发现了铜刀，但更重要的是还发现了做铜刀的模具。

图 170 陶寺铜齿轮：很奇怪的具有工业格调的制作

图 169 陶寺铜铃

虽然同时期的陶寺遗址发现了铜铃和铜齿轮，但是没有发现模具，很难说清楚这个铜铃和铜齿轮是交易得到的还是自己制造的，然而，石峁的青铜模具证明了，石峁人已经掌握了青铜制造技术。

可以判断，是石峁人当了夏人青铜技术的师傅，并且让这个技术在二里头爆发，因为在二里头，夏人用青铜制造了中国最早的礼器。

图 171 二里头青铜器：中国最早的青铜酒礼器，斝、爵、盉，这些都是由陶器的样本仿制出来的，但它们金属质感的颜值，是陶器望尘莫及的

在二里头发现的青铜礼器主要有四种，分别是斝、爵、盉、鼎。

爵，是饮酒器。

斝，是温酒器。

盉，是盛酒器。

图172 二里头青铜器2：中国最早的青铜鼎，煮肉的锅，是礼器的重器，王权的象征

鼎，是煮器，是主祭的重器，也是王权最主要的象征。

图173 铜铃：也是礼器，很可能就是未来编钟的雏形

二里头也发现了铜铃，很可能也是礼器，有人甚至认为它是编钟的前身，从此，礼制音乐开始有了金属的声音。

青铜，这个由铜和锡混合的合金材料，对于只见过石头和陶土的人们来说，简直就是神器，我们现在见到的青铜，因为年代久远，已经是布满了暗绿的锈色，而新的青铜器则是金黄发亮的，足以让人们的心灵产生难以抗拒的敬畏和震撼。

二十　烟熏火燎也要忍的王宫

青铜和礼制制度，可以说是一拍即合的绝配。

青铜器不仅有它的高贵，而且还有冷峻，能够把礼制内涵的柔软血缘亲情呈现得非常威严，可以用很斯文的餐饮器的造型，展示出权力的庄重。

如果没有青铜礼器，仅靠陶器和石器这种低端材料，是难以承载一个礼制国家所需要的权威分量的，或者说，只有高大上的青铜礼器，才能有足够的气场震慑民众的心灵，传递祖先的威望，强化国家的权力。

古人认为："国之大事，唯祀与戎。"祀，是祭祀，戎，是军事，这里，古人把祭祀祖先排在了军事的前面。

因此，在华夏的整个青铜时代，我们祖先只用不到20%的青铜制造兵器，几乎从来不做生产工具，而几乎80%以上的青铜资源，都用来制作礼器。

可以说，青铜对于华夏早期礼制国家的心理作用，远远大于物理作用。

正因为青铜礼器对于国家的特殊重要性，刚刚掌握青铜冶炼技术的二里头都城，几乎就是一个简单粗暴的枕着青铜睡觉的王宫。

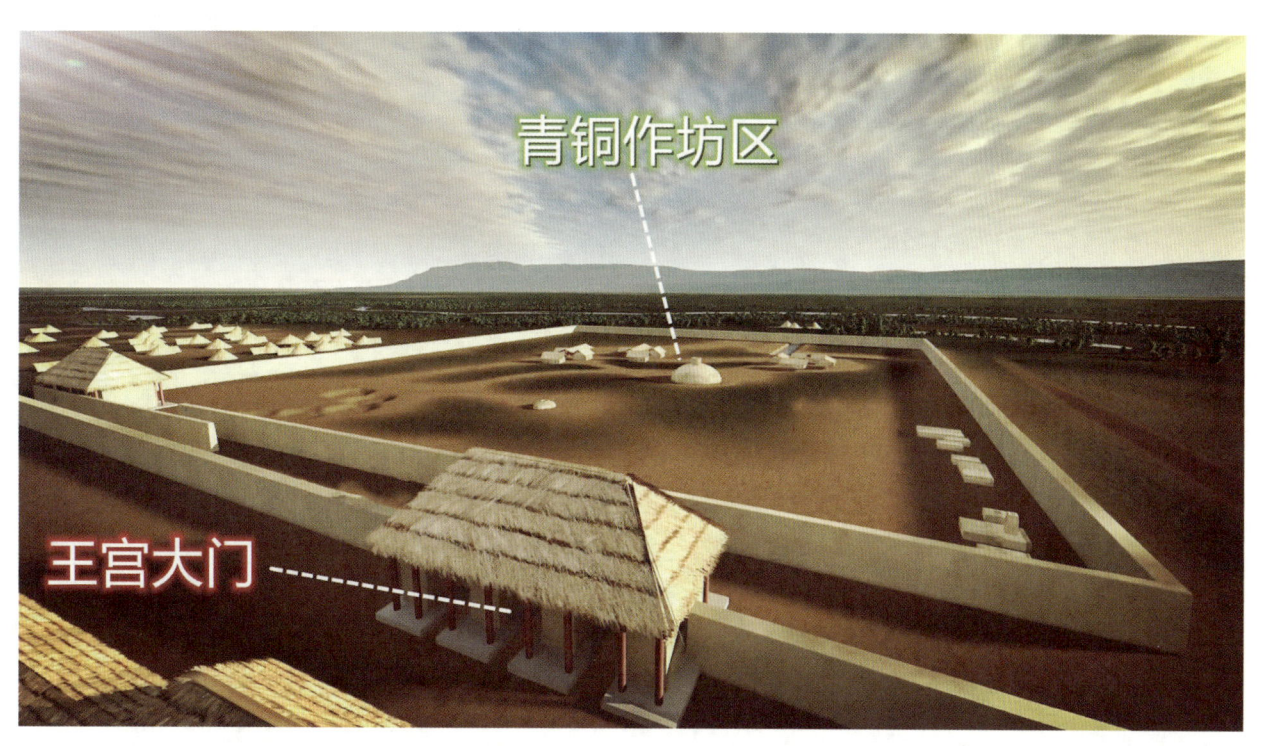

图174　和王宫一墙之隔的青铜礼器作坊：为了国家政权的稳固，早期帝王们不惜牺牲生活质量，忍受着烟熏火燎和喧闹嘈杂，也要把青铜制造放在自己的眼皮下监管

根据考察，二里头王宫宫墙的南面，居然紧挨着青铜器的制造作坊，其面积几乎和王宫一样大。难以想象这样一个嘈杂喧闹的手工业铸造场所，就设置在王宫正前方，和王宫大门仅仅一路之隔。

这足以表明，夏王朝的统治者对青铜礼器制作，充满敬畏和期待，他们宁愿容忍日常的烟熏火燎，也要放在自己的眼皮底下与之朝夕相处。

在青铜制造坊里，发现了很多做饭的灶台，甚至还出现了尸骨，专家认为，在这里工作的匠人，很可能吃喝拉撒都在这里，或许他们一生都不被允许走出这个空间。

这大概是因为青铜礼器的制作技术，相当于我们今天的"两弹一星"高科技，制作工匠不能外泄这里的机密，而最好的保密措施就是限制人的出入自由。

夏王朝这样的早期礼制国家，本质上还是奴隶社会，底层百姓是没有人身自由的，因此，从某种意义上说，这个作坊，也是一个监狱，那些工匠，虽然都是国家的高级技术人才，但也只能被软禁在这里，为制作国家重器奉献自己荣耀而悲怆的一生。

很可能，夏人的一号宫殿，它的不规则的多出的侧院，就是一个摆放青铜礼器的地方——作坊里设计出来的样品，都要第一时间呈给君王过目。

在宫殿区的北面，是祭祀区，祭祀区里有三组坛，每组坛都有十几个半米高的圆墩，专家认为，这是祭祀祖先的场所，夏人很可能在这些圆墩上放置青铜礼器，祭祀他们不同时代的多个祖先。

整体观察，二里头遗址核心区的建筑群，是由青铜作坊、王宫、祭祀区三大块组成的，这种"前厂后店"式的紧凑"运营"模式，显示了夏王朝的权力和祭祀的关系是何等密切。

可以说，青铜礼器作坊的烟熏火燎，对于夏王朝的君王来说，都是权力绽放出的璀璨烟花。

二十一　华夏第一龙

在二里头，不仅石峁引进的青铜礼器闪亮登场，而且夏王朝的礼制制度也逐渐完善，不过，在礼制制度设计的很多方面，石峁人都对夏王朝的帮助很大，甚至可以说夏王朝几乎全套引进了石峁的创意版权。

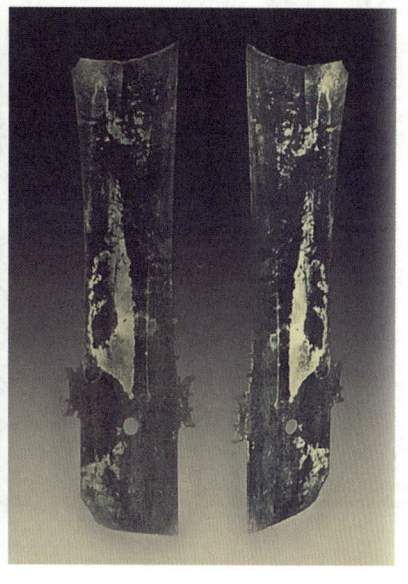

图175 玉璋：左面是二里头玉璋，右面是石峁玉璋，相似度五颗星

玉璋，是夏王朝重要的礼器，发现的数量很多，然而，它们的玉璋造型，几乎完全取自于石峁玉璋，两个遗址发现的玉璋不仅整体造型几乎一致，甚至连侧面的边齿都如出一辙，而石峁玉璋的年代至少比二里头的玉璋早了几百年。

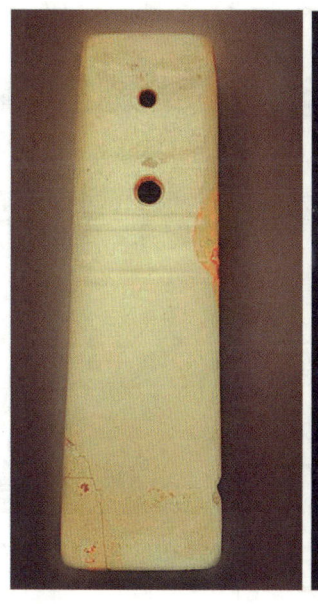

图176 玉圭：左面是二里头玉圭，右面是石峁玉圭，也有很高的相似度，特别是它们的腰线设计

同样，另一种象征权力的礼器——玉璋，也有明显的高仿石峁玉璋的痕迹。

考古发现二里头的很多玉礼器大都采纳了石峁的设计，就像是明目张胆地"剽窃"作品，当然，这也很可能就是石峁对夏人友好的"版权"转让。

令人意想不到的是，石峁"设计室"参与的最重要的设计是龙。

二里头发现了中国最早的龙形器，这是一条完整的龙的造型。

图 177 龙形器：这是真正的全尺寸的中国龙，它第一次完整地出现在二里头

这条龙是在 3 号墓里出土的，这个墓是二里头目前发现的最高等级的墓，这条龙放在墓主人的肩和胯部之间，准确地说，是一条 70 厘米长，用 2000 多块绿松石镶嵌的龙形器。

这条龙非常重要，因为它是中国史前的一条标准的、全身完整的龙。如果说龙是华夏民族的标志，那么，这个标志的正式官方出品，就是在二里头。

然而，二里头的龙形器，似乎不是二里头的原创，如果直接溯源，居然可以追溯到石峁的石雕。

图 178 石峁的龙形石雕：弯曲的身体，鳞片，脸的轮廓，梭型眼，直鼻梁，都和二里头的龙形器相近

二十一 华夏第一龙

专家在石峁充满艺术气息的城墙上，发现了一块刻有两条龙的石雕，这个石雕龙，有弯曲灵动的龙身，龙身布有鳞片，龙头上有眼睛及从上到下贯穿整个龙脸的鼻子（二里头的龙形器的鼻子也是这样），风格和二里头的龙形器非常相似。

不过，龙形器更丰富的脸部细节，特别是蒜头鼻，则可能来自新砦的陶片龙脸。

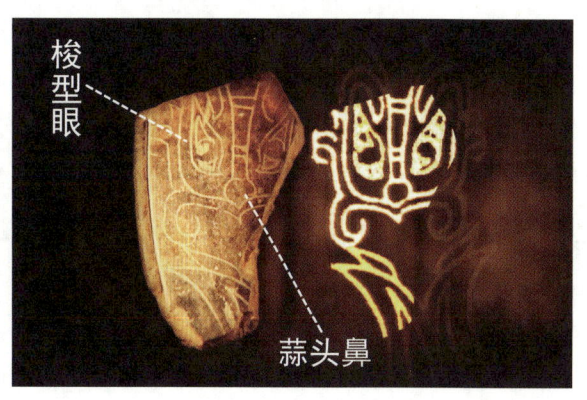

图 179 龙形器的龙脸和新砦陶片上的龙脸对比：专家认为它们脸的轮廓，梭型眼，蒜头鼻等多处细节几乎如出一辙

专家认为，龙形器的龙脸向上挑的梭型眼，分段式的蒜头鼻，几乎是和新砦陶片上的龙脸如出一辙。

由此看来，二里头的龙形器，很可能是把石峁的龙身和新砦的龙脸组合在一起了，从这个意义上说，二里头的龙形器是夏人的设计师和石峁的设计师合作完成的。

考古人员在二里头，只发现了一条龙形器，却发现了很多"龙脸"。

这是一种用铜做框架，镶嵌绿松石的铜牌，15 厘米左右的高度，8 厘米左右的宽度，上面呈现着一种简约的龙脸图案。

专家经过分析认为，铜牌上的龙脸，显然是源自龙形器。

图 180 龙牌 1：其原型就来自龙形器的龙脸，它的梭型眼具有标志性特征

图 181 龙牌 2：更具装饰性的设计，眼眶已经用云纹替代，眼神更加犀利，直鼻梁仍然贯穿到底

龙牌的图案，其实就是后来盛行于礼制社会的饕餮纹，而饕餮这个形象，根据史书解释，是指龙王的九太子，他特别贪吃，直到最后把自己的身体都吃掉了。这是告诫统治者，不要恣意妄为，否则，就会自噬其身。

值得注意的是，无论是龙形器上的龙脸，还是龙牌上的龙脸，都有一个特征，这就是没有嘴，大概就是一个致命的强调——不要自噬。

从某种意义上说，饕餮是礼制社会统治者道德的自我震慑。

可以这么理解，龙是礼制制度的护法，而龙脸，则是龙"自噬"的警示。作为统治者，要时刻警惕自己的身体被自己吃掉，也就是权力被权力的拥有者毁掉。

专家不仅终于在二里头找到中国龙正式的官方出处和"演化"历程，而且，还追溯到从龙身上"切割"下来的龙脸——饕餮的渊源。

龙脸，是夏王朝对统治者道德边界的忧虑，是几千年前的"反腐"标志。

二里头的整条龙"活"了不久就退出江湖（整条龙的形象在中国漫长的礼制社会似乎再也不现身了），而它留下的脸，却将以反腐的形象隆重地存在几千年。

拥有了青铜礼器，各种玉礼器，也拥有了护法和反腐的标志——龙和龙脸，那么，现在终于可以说，人类首个礼制国家——夏，礼制建设的软硬件工程全方位竣工了。

夏的版图，也就是考古上的二里头文化的分布，在他们最强盛的时候，是以二里头为核心，坐拥运城盐池和中条山的铜矿资源，以黄河南岸冲积平原为主体，覆盖河南大部分、山西南部和陕西东部等区域。这是一辆充满礼制活力，以父子继承为驱动链条的国家战车，它在华夏大地上欣欣向荣了150年左右。

不过，石峁人帮助夏人完善了礼制国家的创建，并没有留下来，二里头实际上只是他们战略转移的一个中间站，令人意想不到的是，石峁人的真正目的地，是四川盆地。

在四川广汉的三星堆遗址，考古人员发现了石峁人的最后去向。

图 182 三星堆玉璋　　　　图 183 石峁玉璋

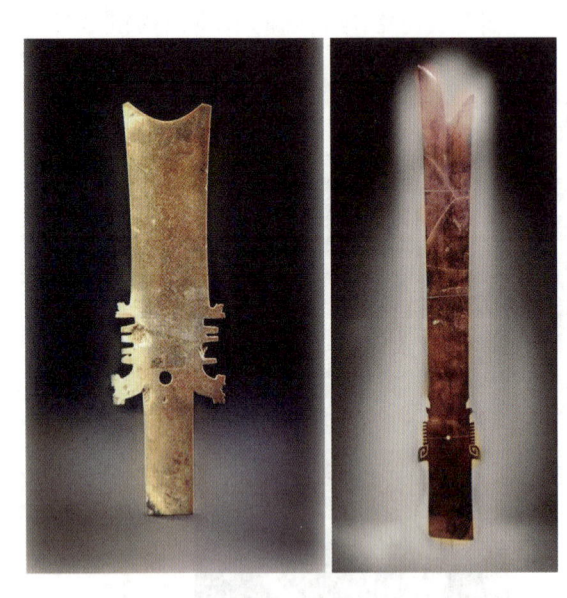

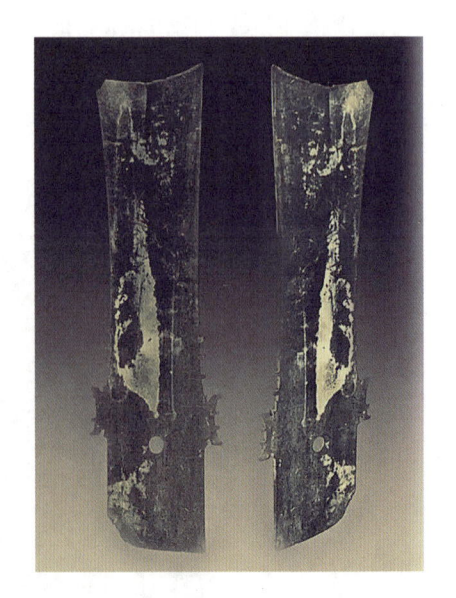

三星堆的玉璋和石峁的玉璋相似度非常高，都有护手边齿和月牙头。

图 184 石峁石雕（左）和三星堆的青铜面具（右）相似度很高

他们的狭长脸型，大鼻头和斜吊眼几乎一样。

图 185 石峁石刻护法（左）的耳朵轮廓，也和三星堆青铜面具（右）的耳朵轮廓很像

这个石刻力士的耳朵和三星堆青铜面具的耳朵的云纹也几乎同款。

图 186 石峁的石刻头像（左）几乎就像是三星堆青铜面具（右）的底稿

石峁的石刻头像和三星堆的青铜面具非常神似。

121

图187 石峁陶鹰：正在展翅飞翔

石峁的陶鹰，在三星堆则变成了青铜鹰。

图188 三星堆青铜鹰：振翅欲飞

从这些相似的文化来看，很可能是石峁人带着自己的理想，在中国的西南闯出另一片天地。

考古的线索已经证明，石峁人从西北的黄土高原，经过伊洛平原，最后一直南下到四川盆地，建立了古蜀国，他们对西南地区的开发做出了重要的贡献，让这块和中原相隔千山万水的富饶土地，及早沐浴了华夏礼制的光辉。

图 189 三星堆龙脸铜牌：龙脸，是龙之精髓

考古人员在三星堆也发现了龙脸，可以说，石峁人在二里头和夏人一起创造了华夏第一龙之后，也把龙的精神带到了西南。从这个意义上说，三星堆也是龙的传人。

石峁是一个非常神奇的部族，他们虽然十分低调地被历史严重地忽略，却在华夏文明发展中起到了不可或缺的"穿针引线"的伟大作用。

二十二　背影的黄河依然扛着华夏

根据史书记载，夏王朝自大禹之后，一共传承了 16 代：

1. 启——2. 太康——3. 仲康——4. 相——5. 少康——6. 予——7. 槐——8. 芒——9. 泄——10. 不降——11. 扃——12. 廑——13. 孔甲——14. 皋——15. 发——16. 履癸（桀）

每一个王都有名有姓，史书的导航和考古的验证已经快对上门牌号码和"户口本"了。

礼制权力显然比原始的民主制更有权威，也能更好地聚集财富资源，推动社会进步，但也必然会前所未有地暴露处在权力巅峰的人性的弱点，尽管华夏文明有优良的道德传统，以及用饕餮的"反腐"眼睛来警示，然而统治者的堕落还是大概率会发生的。

根据史书记载，在建国 400 多年后，夏王朝的最后一任王——桀，陷入道德危机，他不仅不敬祖先，不重视农耕，而且还倒行逆施，滥杀无辜，鱼肉民众，宠幸妖女，建酒池肉林，等等，酿成天怒人怨，国家衰败。最后，不堪忍受的夏王朝百姓甚至喊出，如果以失去太阳为代价，才能让夏桀这个暴君灭亡，他们愿意同归于尽。

从整体考古来看，从 3800 年前开始，二里头文化一直在迅速扩张，如果他们的权力没有堕落，夏的版图可能会比现在大得多，但是，大约在 3650 年前，这种扩张突然停滞，就好像一艘满帆行驶的船突然抛锚了。这表明，末期的夏王朝的确已经断崖式地失去了发展能量和影响力，和史书的记载是一致的。

夏王朝走向末路，但华夏民族礼制国家的进程刚刚开始，只不过它需要安装新的发动机来继续推进。

新的发动机在同一个"发动机厂"—— 禹道组装。

在夏王朝（二里头文化）的北方，位于河北省南部磁县的下七垣村，发现了距今 3700 年的下七垣文化（它出自谁的门下还不清楚，但肯定是炎黄子孙），专家认为这就是将要创建新王朝的商族。

这里的商，并不是商贸的意思，而是因为他们曾经帮助大禹治水有功，被大禹封在了商地，所以叫商人。

值得关注的是，黄河即便用它的背影，也在扛着华夏文明：大禹率领夏族赢得天下建立国家，是因为治理黄河，而商人的崛起，居然是因为管理黄河。

史书夏本纪记载："夏帝少康十一年，使商候冥治河"。

图 190 商人第六代王：冥

少康是夏王朝的第五代王，传说他指令商人的首领冥去治理黄河。不过，这时候治理黄河，并不是大禹时代洪水泛滥那种遍走天下的治理，而是后大禹时代对禹道的集中"管护"。

下七垣文化就分布在大禹治水之后的黄河新河道——禹道的两岸。

这个时代，虽然黄河被大禹整体地移到太行山东麓的断裂带，处于"休眠"状态，对中原已经不构成威胁，但黄河毕竟是一条桀骜不驯的大河，如果无人值守，哪怕它随便伸个"懒腰"，打个"喷嚏"，都可能对周边产生骚扰，甚至重新改道也是有可能的，所以，"监护"禹道的责任非常重大。

《国语·鲁语上》记载：冥勤其官而水死。

这是说商人首领——冥，是因为履行河务的官职而死于水中的。

显然商人在治理——管护黄河的过程中尽责尽力，付出了包括首领生命在内的巨大的代价，保障了黄河被迁移禹道之后的安全运转。

从某种意义上说，夏王朝几百年的岁月静好，很大程度上是因为商人的负重前行。

当然，这也是一个双赢，商人在管护黄河的过程中，由于需要对人力物力等社会资源的调动和掌控，必然会不断地发展壮大。

在河南北部鹤壁市大赉镇的刘庄，考古人员发现了一个下七垣文化中晚期墓地遗址。

这座墓地一共有300多个墓葬，但出现了奇怪的现象，这个墓葬群分为两个部分，一种是木椁，一种是石椁，这两种完全不同的葬俗，居然同时出现在一个聚落墓葬里。

图 191 木椁复原

木椁是华夏民族常用的葬俗，就是用木头把死者围合起来。

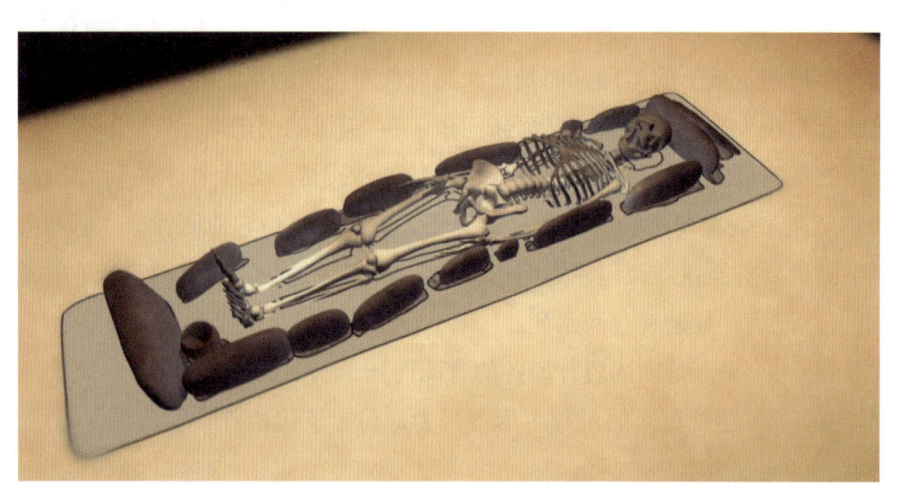

图 192 石椁复原：只是象征性地围了十几块石头

石椁，则是用石头垒的棺。不过，这里出现的是一种简化石椁，最多的一个石椁也只是放了 15 个石块，一般只是放五六个石块，甚至有的仅仅在死者的头和脚各放置一个石块，显然，在这里，石椁变得完全是象征性了。

这些使用石椁的人是谁呢？他们为什么会出现在商人的墓地里？

石椁不属于黄河流域，是在北方辽河一带红山文化较多出现的葬俗，在商人的墓葬里发现了疑似红山文化的葬俗，似乎表明，曾经神秘消失的红山文化在这里"重现江湖"了。

很有可能，商人一直沿着禹道北上治河，他们遇到了南下漂泊的红山文化的流浪人口，而他们曾经建造过大量的积石冢，是石头专家，因此，很可能商人借助他们这方面的技能，在这里黄河的管护工程中采用了与石头相关的加固工艺。同时，也因为他们是神灵文化，对血缘并不看重，所以就有可能整建制地把他们作为技术人才引进来。

由此看来，商人治理黄河，不仅仅赢得了道德的口碑，还收获了技术人才的红利。

日渐壮大的商人，已经开始逐渐表现出他们有能力、有雄心，去挑战道德堕落的夏王朝，或者说替大禹的后人清理门户了。

在刘庄遗址，考古专家发现这里的商人已经不只是水利工程人员，他们很可能是战斗人员。

根据对刘庄墓葬死亡数据统计，令人惊讶的是，这里死亡比例最高的是 25 到 30 岁的年轻男人，专家认为，这种不正常的死亡年龄很可能和战争有关。

图 193 加宽石钺：商人独创的兵器

考古人员在 M35 号墓葬发现了一把锯齿状多刃的巨型石钺，根据考证，这是商人首创的最高级别的兵器，只有将军甚至是王才能拥有。

《史记·殷本纪》写道："汤自把钺以伐"。

汤是商王朝的开国领袖，这句话的意思是商人领袖汤，亲自使用钺去征伐。

可见，钺代表王权和军队指挥权。

刘庄墓地发现了巨型石钺，表明这一支混编了"红山石匠"的战斗部队的级别已经很高了。

《史记》记载："韦顾既伐，昆吾夏桀"，这是描述商人进攻夏王朝的进攻路线。

这里说的韦、顾和昆吾，都是古代文献里提到的夏的属国。

考古证明，代表商人的下七垣文化在并不太长的时间里，沿着二里头版图东北部的边缘，从这些史书提到的一堆属国扫荡过来，一直向南挺进开封的杞县。这就意味着，商人逐渐把夏王朝外围主要的属国都"拆迁"干净了。

从战术角度来说，如果商人要进攻夏王朝的都城，完全可以不到杞县，因为到杞县绕远了。

但是如果从战略的角度看，这是商人在做最后打垮夏王朝的蓄力准备。而这种蓄力，不只是军事，还有道德的力量。

商人不急于进攻夏王朝的都城，而是在夏王朝的周边攒人品，用一些类似"心灵鸡汤"的"路演"去树立道德威望。

在华夏改朝换代的战争中，民心非常重要，道德制高点的博弈，往往就是决定胜败的最关键的因素。

图 194 商王汤：商王朝的开国领袖

史书记载，商人的领袖汤，为了推翻夏王朝，做了很多给自己道德口碑"充值"的事情。

其中一个故事是"舍身求雨"。

故事说的是商人部族遭遇连年大旱，整整 7 年，滴雨未落，河水干涸，草木枯死，人民叫苦连天。无奈之下，一位巫吏卜了一卦，说："只有用人做祭品，老天才会下雨。"汤王断然说道："假如一定要用人来做祭品，就让我来吧。"

传说汤王决定献身求雨，臣民们为此举行了一个盛大的典礼。汤王身着白色的粗布衣裳，跪在神台前祷告："天呀，我一个人有罪，不要连累万民，万民有罪，都在我一个人身上，请上天对我这个罪王进行惩罚吧。"接着，由两个祭司搀扶着，登上了高高的柴堆。点火的时候到了，惊天动地的号角声响了三下，祭司们用火把从四面把柴堆点着。片刻间，浓烟滚滚，烈焰腾空，汤王被裹在烟火之中。就在这时，一阵狂风吹来，霎时间乌云布满天空，紧接着，雷鸣电闪，大雨倾盆而下，泼灭了火焰，浇透了大地。人们欢呼雀跃，把没有被烧死的汤王从柴堆上扶下来，唱着赞歌。

这个传说显然有很多的夸张成分，但如果真的是搭一座高台并且点火，从科学角度说，热空气的上升，的确有可能改变局部的微气象，导致临时降雨。

史书记载，因为商汤所做的仁义的事情，赢得了民心，使得他的威望大增，于是，大家都认为进攻夏王朝的时机到了。

但是，商汤的宰相伊尹，却不同意，他认为火候还没到。

传说，伊尹认为仅仅是商人自己做好了，占据了道德制高点，还不够，还要此长彼消，继续给夏王的道德"挖坑"，让夏王朝更加腐败和失去民心。

于是厨师长出身的宰相伊尹，发挥自己的看家本领，以著名厨师的身份，潜入二里头夏桀的宫殿，给夏桀献上了一道精心调制的凉菜。

图 195 银条：一种传说和改朝换代有关的美味土特产

这道菜是当地偃师的一种特产，叫银条，这是一种以地下茎作为食用部分的食物，这种地下茎，由于长得细长，雪白如银，所以取名叫作银条。银条没有纤维，肉质脆嫩，水分充足，口感极好。

传说夏桀对这道菜"举箸不忍放下"，自此更荒于国事，不理朝政，国家愈加衰败。于是，商人出动大军，乘虚而入。

史书记载战争的过程中，夏人是"未接刃而桀走"，这个意思是说，在商人攻打夏王朝的时候，夏桀的军队人心涣散，无力抵抗，不战而败。

当然，这只是传说，但这个传说提示人们，在华夏大地上，给自己的道德"更多充值"和让敌人的道德"余额"更多欠费，同样都是击败对方的最好的办法。

根据考古，商人在 3600 年前进入了二里头夏的都城，占领了夏的王宫。

二里头文化从此被早商文化——二里岗文化（由下七垣文化演变而来）覆盖。

无论是史书还是考古都表明，商人在众多的华夏部族当中脱颖而出，成为能够替代夏王朝的强大力量，是和他们几百年来一直管护黄河而发展壮大有很大的关系。

禹道这个"发动机厂"制造了两台文明"发动机"，第一台给了夏王朝，第二台给了商王朝。

因此，可以说，即便成为背景的黄河，依然扛着华夏文明前行。

二十三　充满敬畏的改朝换代

虽然二里头夏王朝的都城在3600年前被商人接管，但商人这个"起义"大军，却几乎以秋毫无犯的态度保留了夏人都城的原貌，这可以理解为商人在替大禹清理不肖子孙的同时，保留了这个曾经率领他们治河的老领导的尊严。

这是一次充满敬畏的改朝换代，也是两个为治水立下千秋伟业的部族历史性的使命交接。

商人在二里头夏王朝都城以东大约7千米的地方——偃师的西塔村，建造了一座新城，叫偃师商城，这就是中国第二个王朝——商王朝最早的都城。这7千米的距离足够保留夏人祖先的气场，以显示商人对前辈英雄大禹家族的敬意。

图196 偃师商城复原：坐落在伊洛平原上，虽然不是一望无际，但不远处的山里有重要的盐矿和铜矿资源

由于是在夏人的心脏建立都城，环境肯定不友好，所以商人为偃师商城修建了一座大城。

这座深入敌后的大城不仅有宽大高耸的门楼，有边楼和角楼，城墙外还有护城河。从这座城开始，华夏大地上的城防功能从防水完全转变为防人。

城里有兵营、府库及冶铜作坊，看来和夏王朝一样，冶铜这种"高科技"的制造业必须放在王宫附近与君王"朝夕相处"。

大城的中央是宫城，它把核心王权和城市功能做了一个分隔。

商人用实际行动表明，夏王朝的灭亡，不是礼制制度的过错，而恰恰是他们最后的君王失德所致，因此，商人的王宫丝毫不忌讳，几乎完全采用了和二里头夏人王宫一样的"礼制"设计。

偃师商城的宫殿和二里头宫殿一样，都是廊庑围合式，在商王朝，这种让君王享受至尊待遇的设计已经开始被复制，并从此被确定成为经典的华夏模式了。

在布局上，二里头宫殿分两排，偃师商城的宫殿也分两排。

不过，二里头宫殿虽然分成两排，但主殿只发现了左侧的一座，右侧的另一排的前部有缺失，没有建筑遗迹，而偃师商城两排都是完整的，这让我们看到了早期王权的原始面貌。

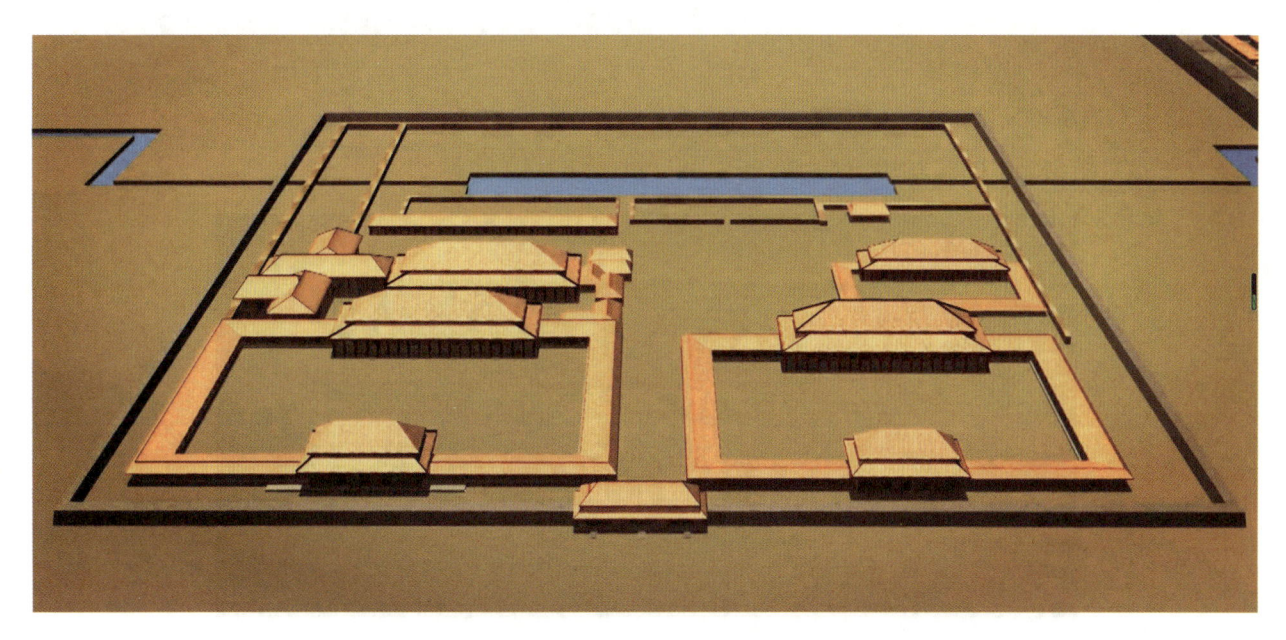

图 197 偃师商城：它采用的是平行双王宫，很可能一个是王宫，一个是祖庙

尤其令人惊讶的是，最前面的两座建筑都是主殿，而且几乎一样大，它们和后面的建筑群各自形成两条清晰的中轴线。这在我们所知道的中国历代王权的建筑制式中是从未见到的。

看来，这种双主殿的设计，是早期礼制制度的一个特征，它并不意味着有两个执政的王，其中一座应该是供奉祖先的祖庙。

由于商人的建筑设计思路是模仿夏人，由此推论，很可能二里头王宫那个缺失的前排空地也有一个主殿。偃师商城王宫完整的遗址让人们从建筑角度看到了早期礼制国家权力结构的完整布局——祖先和君王"并列"的双主殿，弥补了二里头王宫考古上缺失的疑惑（不排除后来夏王朝的堕落和灭亡与他们疏于对祖庙的修缮有一定的关系）。

在占领夏王宫之后，商人终于看到传说中神奇的青铜礼器，眼球必然被暴击，在震撼之余，马上意识到这是礼制制度所需的重器。因此，商人立刻不遗余力地投入对青铜礼器的制造和研发。

商人不仅很快仿制了和夏王朝相似的几种青铜器，比如斝、爵、鼎等，而且就有了创新。

图 198 偃师青铜尊：一种大型存酒器，商人的"嗜"酒文化从这里开启

尊是一款存酒器，在偃师商城首次发现，这么大的酒樽的出现，意味着商人要开启大规模的酒祭了，史书记载，商人非常喜欢饮酒，可以说，商王朝是中国历史上最能喝的王朝，没有之一。这主要和祭祀有关，因为祭祀的流程主要是以酒敬献祖先，而商人非常重视祭祀，所以会大量饮酒。即便说商人是用酒精驱动华夏文明的车轮也不过分。

商人不仅创造了青铜礼器的新造型，而且商人制作的青铜礼器开始了"商"化。

"商化"的最主要的特征，就是"反腐"，夏王朝灭亡的教训极为深刻，所以，商人把二里头的龙脸，也就是主要针对道德约束，杜绝贪欲的饕餮"纹"在了国家重器——青铜礼器上。

从此，在青铜礼器上，就开始展现出一种中国青铜器独有的"死亡凝视"的冷峻风格。这种带有饕餮纹的青铜礼器体现出两层意义，一个是展示祖先的威望，一个是警示腐败。统治者使用权力的同时，必须接受道德监督。

图 199 龙脸纹饰：饕餮纹在偃师商城的青铜器上首次出现，从此中国青铜礼器开始有了"商化"的"死亡凝视"

商人为了保障青铜的供给，他们在出产铜矿的中条山附近建了一座垣曲商城。

垣曲商城也被叫作"铜城"，在这座城里，发现了很多冶铜的遗迹和冶炼铜渣。

图 200 垣曲商城复原：这里出现的两道城墙，被专家认为是早期的瓮城，这座城的安保级别很高

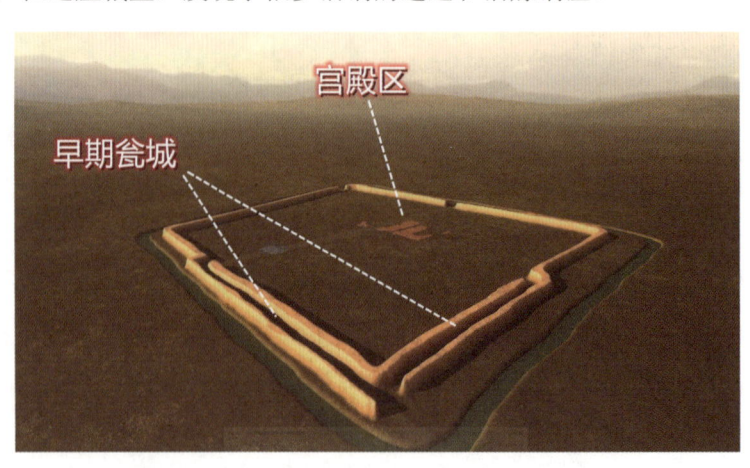

垣曲商城建造得与众不同，尤其安保的级别非常高。

在已经发现的垣曲城墙的遗址上，有2段出现了双城墙，这令人感到奇怪，难道是规划混乱，重复建设了？

在仔细考察之后，专家发现，这两道城墙恰恰是一种特殊设计，它们很可能是瓮城。

瓮城是针对城门的防护系统。

垣曲的两道重叠的城墙也具有和大城之间隔离的功能，虽然非常原始，但这很可能就是早期简易的对城门有防护作用的瓮城。

从此，商王朝就开启了青铜制造的轰轰烈烈的时代，他们将成为冶金"狂魔"，创造出黄河流域最大规模的青铜制造业，并且用青铜这种物质载体最大力度地推动血脉文明的进步。

二十四　青铜的权力盛宴

商人大约在 3600 年前，创建了华夏民族的第二个国家 —— 商王朝。

不过，商人很快发现，在开疆拓土的众多事务当中，他们的新王朝和青铜礼器的供给关系最为紧迫，而原有的中条山，乃至整个黄河流域的铜矿已经不能满足他们的需求了。

于是，他们把视线转向了长江流域。

为了铜矿，商人的军队打到了长江的边上，因为长江流域的铜矿不仅蕴藏量更丰富，品质更好，而且离地面比较近，易于开采。

商人在铜矿相对比较集中的湖北黄陂区杨家湾的盘龙湖畔建造了一座新的铜城，叫作盘龙城。

图 201　盘龙城复原：在某种意义上这座小城支撑起了巨大的商王朝，因为它掌控着这个青铜帝国极为重要的"精神支柱"——铜矿资源

盘龙城的遗址南北长 290 米，东西宽 260 米，城里有 2 座宫殿。从这里的高级墓葬中发现的青铜礼器来看，盘龙城的级别非常高，镇守这里的官员，很可能是王族。

为了加强开采这里的铜矿的技术力量，商人果断停掉了垣曲商城的产业链，把那里的技术人员都调到盘龙城，专家在盘龙城的附近发现了很多带有垣曲商城特点的生活器物，这足以证明这次技术移民是发生过的。

由于有了盘龙城，中条山的铜矿没有了战略地位，商人终于可以离开空间相对狭小的伊洛平原了，因此商人放弃了偃师商城，把都城迁到了地势更为开阔的黄河大平原上的郑州。

二十四　青铜的权力盛宴

图 202 郑州商城城墙遗址：这是现代都市里保留的最古老的城墙

商人在郑州建造了郑州商城。

郑州商城即便在现代化的都市里看起来依然足够壮观，它的城墙每边的长度都超过 1500 米，城墙底部宽度超过 30 米，城墙上面几乎像马路一样开阔，很可能正是因为它的工程体量巨大，才能够作为世界夯土建筑的经典，历经几千年的风雨保留下来。

有了来自长江流域高产的铜矿资源，郑州商城的青铜礼器数量出现了井喷式的增长。根据对郑州商城的青铜器的检测，学者发现它们大都是使用盘龙城一带的铜矿制造。

郑州商城里发现的青铜礼器形成了极为华丽的"吃喝一条龙"，有——鼎、甗、鬲、簋、盘、觚、爵、斝、尊、瓿、缶、提梁卣等几十种之多，不过，所有的青铜礼器，都被纹上了饕餮纹，一件也没落下，可以说，商人无论喝得多酣畅，反腐的清醒是一直坚持的。

这些青铜礼器构成了礼制制度美丽的风景线。

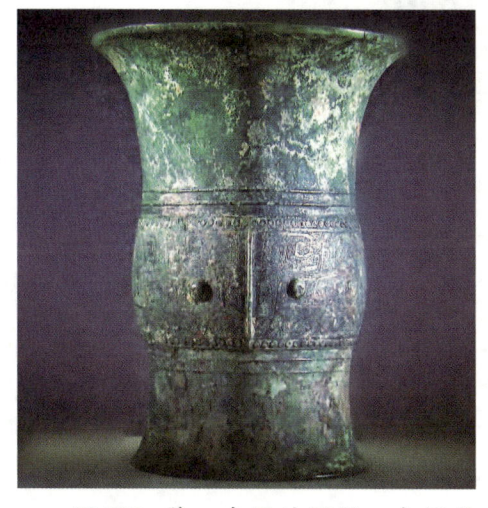

图 203 尊：存酒的酒器，中间是饕餮纹的"死亡凝视"

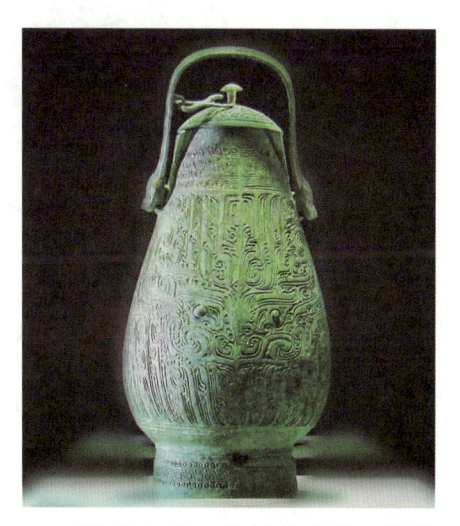

图 204 卣：装酒的容器，饕餮纹几乎爬满容器，两个反腐的小眼睛依然很醒目

135

图 205 爵：饮酒器，也布满饕餮纹

郑州商城遗址发现的青铜礼器，不仅种类丰富，工艺精湛，而且出现了大尺寸的重器。

图 206 杜岭方鼎：86千克的煮肉容器，两只"死亡凝视"的眼睛咄咄逼人

在郑州商城发现了2件方鼎，因为是在杜岭发现的，就叫作杜岭方鼎。其高度一个达到一米，重86千克，另一个高度达到87厘米，重64千克，它们是3500年前世界上最大的青铜器。

商人之所以如此热衷制造青铜礼器，是因为青铜礼器就如同一个"杠杆"，可以通过祭祀把祖先的政治遗产放大，当一个礼制国家的经济、军事事务不断增多，压力不断增大，祖先这个权威"银行"就需要尽可能地"放大"输出。

这就像是股市，如果想盈利，就首先要炒高股票，当股票升值之后，再把股票变现。祭祀，其实就是"炒"高祖先的威望，然后，再把祖先的威望叠加到执政者身上，这就是商人的权力"股市"运作。

礼制社会，从某种意义上说，祖先就是一个政治"理财"产品，祭祀就是最好的"理财"，而青铜礼器，就是他们的"理财"工具，所以，商王朝从来不吝啬对青铜礼器的投资，献祭的青铜礼器做得越大，祖先的威望"指数"就越高，统治者的获益就越多。

图207 商人祭祀假想图：中央高台上一般都放着青铜大鼎，鼎里煮着各种献祭的肉，四面八方的空气里飘着酒香，下面是不同等级的人在下跪祭祀，这就是权力的"变现"交易场所

总之，祭祀是商王朝的立国之本，所以商人对祭祀不遗余力，这也是为什么商人饮酒是中国历史第一，他们的祭祀和酒是分不开的。祭祀越隆重，喝的酒就越多，可以说，商人是在酒樽里搞定天下的。

在郑州商城时代，商人国运兴旺，疆域不断扩大，就连黄河下游最后一块华夏民族从未染指的山东平原——东夷部族，也在收纳之中，黄河上下游基本上已经被商王朝统一。这其中，青铜功不可没。

但有意思的是，支撑这个大黄河王朝辉煌的重要资源——青铜，却来自长江。

二十五　故乡的土地"真香"

郑州商城作为都城，在使用了 200 年之后也被放弃，财大气粗而又时常微醺的商人又一次迁都了，这次迁都很可能一路上旌旗猎猎，车马喧嚣，酒香四溢，因为他们是衣锦还乡。

殷墟附近就是下七垣——商人的诞生地，这个位置并不是商人版图的中心，显然，这次迁都不是地理统治中心化的调整，而更像是对故土的向往。

考古发现，3300 年前，在离商人的诞生地——下七垣遗址不远的安阳，洹河的北岸，商人建造了洹北商城。

商人回家一定是感到无比荣耀的，多年前，他们一身黄河泥巴离开这里的时候，还只是夏王朝边界外的一个不起眼的河道护工，如今已经经营着一个比夏王朝的版图大得多的，几乎统一整个黄河流域的宏伟帝国。

古代文献记载，商人的这次迁都，叫"盘庚迁殷"，是为了对付内部的权力争斗"九世乱"，因为这个时期出现了很多王权，是在兄弟而非父子之间的继承，给商王朝带来震荡，所以，商王盘庚决定迁都，对盘根错节的地方与宫廷政治势力进行重新洗牌。

但是，从根本上说，迁都更不可抵挡的诱惑是祖先的气场。

当商人决定把自己的都城迁到诞生地的时候，就再次升级了对祖先的祭祀力度，或者说，他们已经准备在"原始股"的产地，把祖先这个"理财产品"的价值全部"套现"。

新建的洹北商城分为两个宫殿区，一大一小，大的在南面，小的在北面。

图 208 洹北商城复原：后面大的宫殿是宗庙，前面小的才是王宫

和偃师商城并列的双主殿不同，这两座宫殿，是一前一后，大的里面有很多的祭祀坑，被认为是祖

庙，小的则是王宫。这里的祖庙比王宫更大，而在偃师商城，祖庙和王宫最多只是一样大小。这表明，在回到故土之后，商人祖先的地位明显高于执政的商王。

值得注意的是，洹北商城只发现了一个地下的城槽，这显示这道城墙建造时仅仅打了一个地基就被放弃了。

这就是故乡的福利，因为一开始商人还有在外征战保持警惕的惯性，但是在城墙地基刚刚打完之后，他们强烈地感受到，祖先的"面子"太大了，这里最不缺乏的就是民众的忠诚，建造带有防御性质的城墙简直是给自己"打脸"，于是很快放弃了。

不过，这个建造"打脸"城墙地基的故乡"第一城"只存在了几十年。

考古人员在洹北商城的遗址里发现了很多红烧土，这些红烧土面积很大，也很厚，专家认为，这是大火长时间烧过的痕迹，这足以证明洹北商城是遭遇火灾而被毁掉的。

专家分析其中的原因，认为这很可能是祭祀惹的祸。

商王朝的国家宫殿，基本都是土木结构加双重草顶，建筑上叫"重檐"，非常易燃，而祭祀活动往往需要用火，特别是商人回到了故土之后，祖庙建筑规模都已经超过了王官，祭祀会更加隆重，用火必然更频繁，因此，发生火灾的概率也更大。

但大火丝毫没有动摇商人在故土建都的决心，他们很快又在洹北商城的废墟附近建造了新的都城——殷墟。

学费没有白交，商人吸取教训，把消防当成以祭祀为"主营业务"的都城建设的一个重要考量。

图209 洹北商城和殷墟的位置：祭祀很容易引发火灾，因此，汲取洹北商城的教训，商人把殷墟建在洹河边上，并且引洹水造了一个人工湖，为了灭火时用水方便

商人的新都城不仅选址紧挨着洹河，甚至，在这个新的都城里，还挖了一个人工湖，很可能是为了发生火灾时方便用水，当然，客观上也促进了宫廷园林的进步，殷墟成为中国第一个在宫殿区引入水景

设计的皇家宫苑。

拿到了消防准许，这座为大规模祭祀做好一切准备的都城——殷墟，开业了，这是商王朝最后的都城，这个巨大的遗址，占地24平方千米，是二里头的八倍，这里将创造商王朝最后的辉煌岁月。

在这个遗址四周，连城墙的地基都没有，只简单地设置了一圈木栅栏。也就是说，商人建造殷墟的时候，根本就没有考虑过需要城墙安保这种多此一举的事情。

所以，用现在的流行表达就是——故乡"真香"。

图 210 殷墟复原：商王朝最后，也是最大的都城，这里是中国文字诞生的地方，我们必须对它充满敬仰

殷墟由于年代久远，破坏得厉害，一些主殿的资料比较缺乏，建筑还不能完全复原，但这不影响殷墟整体呈现出的宏伟规模和"爆炸"式的综合信息量。

殷墟发现的青铜礼器不仅数量更多，而且尺寸巨大。

殷墟诞生了黄河流域最大的青铜礼器，叫后母戊鼎。

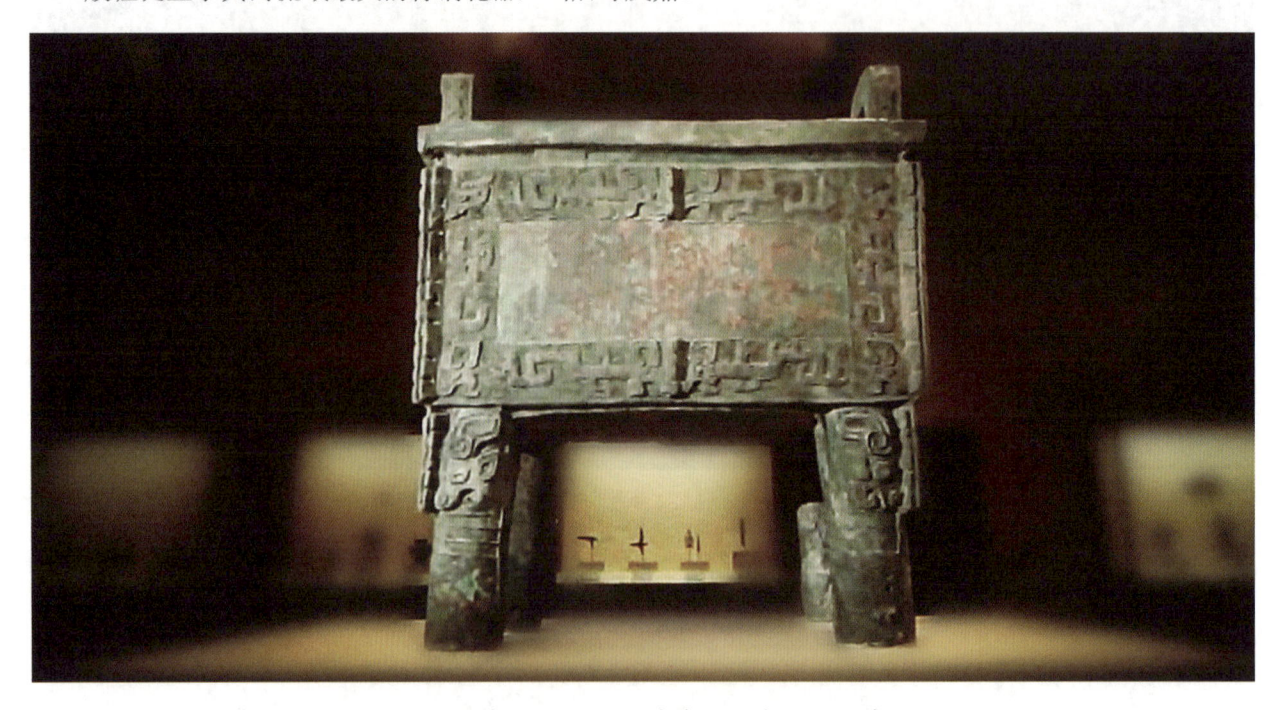

图 211 后母戊鼎：几千年前黄河流域最大的青铜器

它重达800多千克，是杜岭方鼎的10倍左右。

殷墟的青铜器不仅尺寸巨大，而且工艺更高级，造型更丰富。

殷墟的很多青铜器上采用了高浮雕装饰，在腰线或器口，出现了扉棱和兽头，它们华美而精致，青铜礼器看起来更具有金属的凌厉。

实际上，这种高颜值的青铜礼器因为制造时加入了铅，产生了毒性，在饮酒和进食的时候，会给人的健康带来损害，甚至会导致人的死亡。但为了祭祀，为了权力，商人仍然义无反顾地使用这种"颜值毒药"。

图212 方形尊，它的高浮雕扉棱标志着商人的青铜制造技术进入了含铅量更高的"颜值毒药"时代

殷墟不仅是一个用青铜礼器为祖先提供美酒美食的宏大阴阳跨界会所，同时还有大量伺候祖先的冥界服务员和卫士，这就是团队式人殉。

图213 殷墟祭祀广场上密集的祭祀坑，不同颜色代表不同的殉葬项目，整个殷墟有上万人殉葬

殷墟的人殉，在规模上是空前绝后的。都城中有一个庞大的祭祀广场，简直就像一个祭祀的"超市"，其中殉葬的祭品从人到动物到车马，非常齐全。

裂谷长河 悠悠中华

图214 殉葬坑：几乎遍布殷墟

人殉多数用的是俘虏，这是最主要的殉葬资源，商人从来没有留活口的概念，因为没有多余的粮食给他们吃，这些不幸的俘虏被各种残酷的方式虐杀后，摆放在坑里，有的是全尸，有的则身首异处。

但是也有一些人是地位比较高的志愿者。

这些有身份的人都是武士，他们手持武器，尽管只是一个骷髅，但他们的眼眶居然也能投射出目光炯炯的威严。

根据考古初步判断，殷墟的人殉使用了万人以上，这就是华夏文明发展的道路上付出的惨烈而血腥的代价。

在某种意义上，殷墟是一座亡魂托起的都城，它是一个祖先在地下当"老板"，由执政的帝王当"伙计"的"代言"权力机构。

图215 殉葬的武士：有尊严的骷髅

由于这样的一个亡魂和活人交叠的权力"演出"模式，需要大量"台词"的交流，于是，华夏民族用灵与肉的代价，发明了文字。

在祭祀中，由于执政的帝王要和地下的祖先频繁沟通，也就相当于互发信息，于是在这种大数据的交流的需求中，文字诞生了。

图 216 殷墟甲骨坑：中国最早的文字档案库，也是帝王们创作的"剧本"原稿

中国最早的文字是在殷墟的一个甲骨坑里发现的，这个甲骨坑里埋藏了十几万片龟甲或兽骨，文字就刻在这些龟甲或兽骨上，因此叫甲骨文。

龟甲或兽骨是一种多功能的器材，首先这种龟甲或兽骨可以用来占卜，古书《淮南子·说林训》记载：必问吉凶于龟者，以其历岁久矣。

这个意思是，龟的寿命很长，最有灵性，所以占卜师选择龟甲。

图 217 甲骨文：刻在龟甲或兽骨上的文字——中国最早的象形文字，直到今天它的基本字形结构还在发挥作用

通常占卜师会在龟甲或兽骨上凿一个坑，然后在这个坑里用火去烧灼，烧灼之后，坑的四周会出现骨质裂隙，而占卜师会根据龟甲或兽骨上裂隙的形状来判断占卜的吉凶，这种占卜方式在夏王朝时期就已经使用了，但在殷墟，龟甲或兽骨又多了一个功能，这就是"笔记本"，以往占卜的结果只能口头告知，而在殷墟就可以把结果用文字刻在龟甲或兽骨上面。

文字的发明和商王朝当时激烈的边界争端，以及频繁的战争，有很大的关系。这个时代，需要大量的灵魂"程序员"——祭司，去和先王沟通。这些祭司大都是有文化的人，属于高级知识分子，因为沟通的信息量太大，仅仅靠人的记忆往往容易遗忘，所以为了永久记录下先王的指令以及各种吉凶征兆，他们群策群力，最终就把文字创造出来了。

当然，这些所谓先王的指令，本质上也可能是执政王和祭司们做的局，我们不能否认有所谓的占卜技术专业，但更多的是帝王的授意，祭司的"套路"。

在这些文字里，最多的就是向先王请示，验证了祖先在商王朝统治中极其重要的地位。

下面是甲骨文记录的和众多先王沟通的内容：

未卜，求

上甲，大乙，大丁，大甲，大庚，大戊，仲丁，祖乙，祖辛，祖丁

十示率羊

这是多达十个商王祭祀的排列，甲乙丙丁都是商王常用的王号。

十示率羊的意思是用十头羊祭祀，平均每个祖先一头羊。然后请先王给予指示。

还有很多具体的求某一个商王的内容：

其奠危方，其祝至于大乙。

奠是册封，危方是一个封国，"大乙"，是祖先汤，是商的开国领袖。

这是说，商王在册封危方之前，告祝于宗庙，以求先王汤的护佑。

王其奠旅侯告祖乙。

这是在一次册封旅侯时，告知祖先——祖乙。

祖乙是第十三任商王。

这种占卜往往是做政治和军事决策的时候，朝廷拿不定主意，于是希望先王帮助决断（尽管这很可能就是事先准备的"台词"，但需要借助先王的名义发布，当然，也会有祭司德高望重，自撰圣旨的情况）。

在殷墟已经发现的甲骨文里至少有几千条卜辞和先王有关，可以说，直到看见甲骨文，我们才更加确定地知道，商人的祖先是祭祀的核心内容，并且拥有至高无上的地位。

这种非宗教的"灵魂"王权，是中国礼制制度独有的，也是人类文明史上罕见的一种权力运作模式。

商王朝，作为一个对祖先极其依赖的帝国，不管它如何编剧本、撰故事、演双簧，最终因为需要大量"台词"而把文字发明出来了，这是极其伟大的贡献，这个贡献把华夏文明推向全新的高度，实现了质的飞跃！

这个伟大的飞跃，是在商人的故土发生的，这是更高层面的"故乡的土地真香"。

值得关注的是，这个故乡的土地情怀战略，也发生在西南。

这个时代，在四川盆地，以三星堆为核心的石峁人创建的古蜀国已经十分的强大，他们是青铜器制造的祖师爷，因此，三星堆后期出现了中国大地上令人惊叹的青铜器制造。

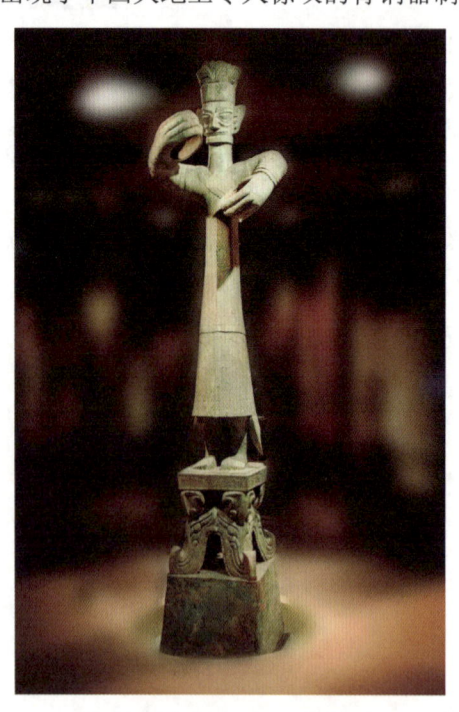

图 218 青铜立人，高 2.6 米

他们建造了高2.6米的青铜立人。

图219 青铜神树，高3.96米

建造了近4米高的青铜神树。

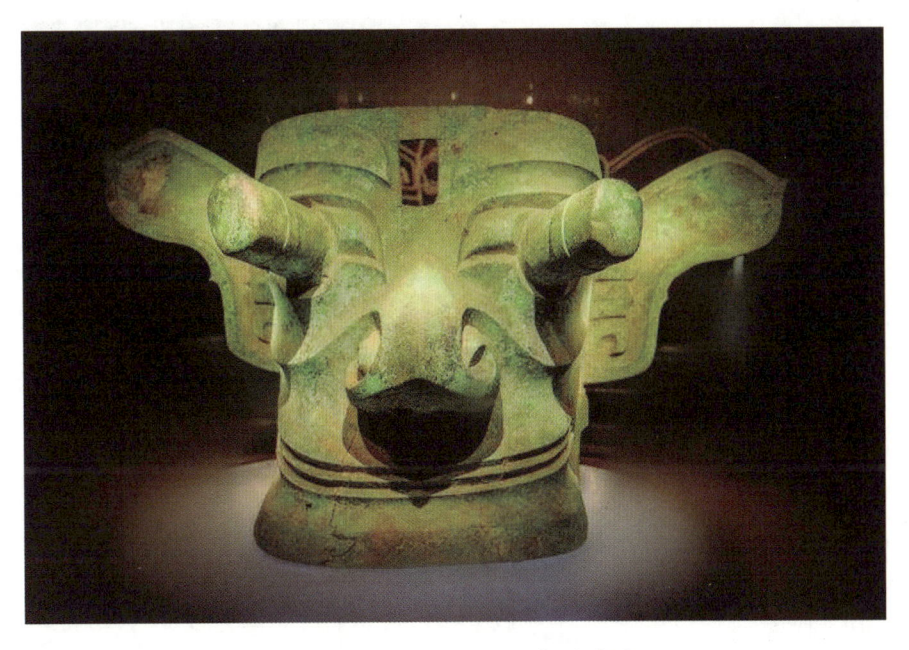

图220 纵目面具：1.3米的宽度

制造了一米多宽的纵目大脸谱。

他们的青铜世界不仅恢宏，而且浪漫。但遗憾的是，三星堆没有发明文字。这些巨大的，具有非凡想象力的青铜器物究竟是做什么的，一直是个谜。

关于三星堆青铜器的推测有很多，有人认为这里有很浓的宗教色彩，但实际上，这不是宗教。

石峁人创建了古蜀国之后，基本上是按照礼制国家去建设的。

这里的礼器无论是玉璋、玉珪、青铜尊、饕餮纹等，和二里头及殷墟都很像，甚至整个三星堆的青铜器，在后期具有很浓的商文化的特征，应该都和祭祀祖先有关系。这并不是说古蜀国已经成为商王朝的方国，但至少表示古蜀国认同商王朝的礼制制度，并且他们之间有交流。

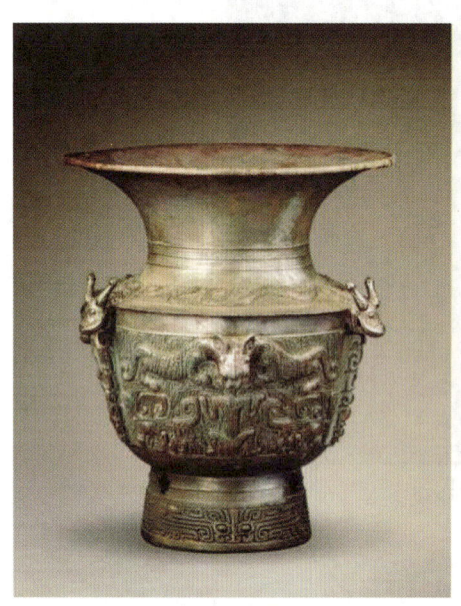

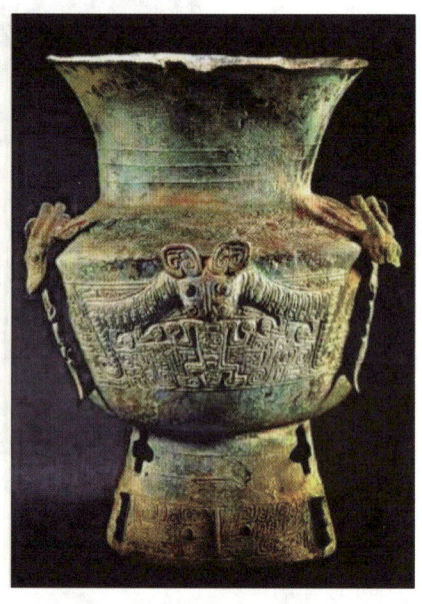

图 221 商王朝和三星堆尊的对比：商王朝的龙虎尊（左），三星堆的龙虎尊（右）

图 222 商王朝和三星堆尊的对比：商王朝青铜圆口方尊（左），三星堆青铜圆口方尊（右）

但古蜀国和商王朝又有很大的不同，这就是他的祖先不在四川，而是在黄土高原，所以，在古蜀国这里就出现了特别的怀念家乡的青铜文化。

这里的立人及各种面具，还有鸟，本质上都是围绕祭祀祖先及怀念家乡而设计的。

有一款青铜神坛，非常形象地表达了三星堆人对自己的祖先和故乡的思念。

这座青铜神坛一共有五层。

图 223 青铜神坛：古蜀国（石峁人）的思乡祭祀坛

神坛最下面是著名的"坛下神兽"，叫"角端"，力气巨大，专吃豺狼虎豹。

第二层是四个穿紧身衣的人，好像拿着农具在干农活。

第三层是四座山峰，立在干活的人的头上，似乎在表示人们在盆地里干活，难道古蜀人已经知道自己在盆地里？

第四层是一个镂空的方形匣子，匣子的每一面都有 5 个立人，他们和下面干活的人不一样，穿着长裙，双手握成环状，大概是一种祭祀祖先的手势。

最高层是四只鹰，这是古蜀人的祖先——石峁人的吉祥鸟，它们眺望远方，代表着古蜀人祭祖思乡的情感和愿望。

这座神坛表现的是一场寓意和情感丰富的"舞台剧"，它描述的是：在四川盆地的古蜀人，怀念自己的祖先和故土，他们用隆重的仪式祭祀祖先，并且希望鹰传递故乡和古蜀国之间的信息。

三星堆超大的青铜神树，以及双手呈环状做特定手势的超高大立人，都是在祭祖和怀念家乡。它们之所以被做得这么大，或许就是为了在低凹的盆地里能尽量地站得高，看得远。

而青铜纵目的大面具，眼睛极度夸张地向外突出，很可能也

图 224 纵目云纹面具：面具鼻子上的云纹，很像是"传感器"

147

是在强调要有千里眼，尽可能远地看到自己的家乡。

其中有一款纵目面具，还加上了高高竖起的云纹造型，大概是要起到"增强信号"或者"增大传感器"的作用。

故乡和祖先，对于礼制社会来说，就是一种强大的信仰资源，也是建立权威的政治财富。古蜀国很可能把能够看到故乡的能力，当作非常重要的政治权威的展现，所以，才制作了那么多巨大的青铜礼器，以及夸张的人体器官。

考古发现，无论是商王朝，还是古蜀国，都会用自己的方式提升故乡和祖先的政治"热度"，因为这是一个血脉文明性价比最高的权力运转资源。

正是充分运用了这个资源，商王朝和古蜀国，一个是成功地"回故乡"，一个是努力地"望故乡"，都在各自的地域发展壮大。

所以，在中国大地上，故乡的土地都是最"香"的！

二十六　沦陷在游牧地区的农耕高手

虽然商人靠着巨大的青铜礼器产业，万人规模的人殉及包括发明文字在内的强大而先进的祭祀力度，统治了一个庞大的帝国，几乎占领了整个黄河流域最富庶的冲积平原，但这个王朝还是撑到了极限。

从国家结构来看，商王朝和夏王朝一样，夏王朝是血缘单一的国家，商王朝的版图虽然比夏王朝大得多，但依然基本上是血缘单一的国家（特殊的人才引进是例外，比如红山文化的"石匠"），之所以人口血缘这么"纯粹"，是因为夏人和商人的农耕技术已经碰到了天花板。

根据专家统计，虽然黄河冲积平原非常肥沃，但是如果没有技术含量地裸种，生产效率并不高，在人口不多的早期农耕社会吃饭没有问题，但随着社会的发展，人口不断增多，粮食和土地的矛盾就凸显出来了。

据专家计算，商王朝的粮食亩产只有 60 斤左右，而商王朝的人口达到大约 800 万，平均每人需要 8 亩地，再考虑丢荒轮种，大约需要 16 亩，因此，商王朝的版图虽然很大，但粮食供给显然很紧张。

同时，也有专家认为，商王朝嗜酒成风，是中国最大的酒精王朝，因为他们的祭祀大都是用酒来进行，而酿酒是很浪费粮食的，很可能，这也是让商王朝的粮食短缺雪上加霜的又一个原因。

因此，商王朝只能拓展疆土，尽可能地占领黄河流域最好的土地，把其他的部族从他们的土地上赶走。

可以说，商人基本上只认可黄河"出品"的耕地，因此，这四片黄河流域的冲积平原和泰沂山脉周边的平原，也就几乎成了商王朝实际上的"黄金土壤"所构成的国家版图。

在商王朝的"黄金"优质土地周边，环绕着大量被驱赶的部族，形成了许多独立的方国。

这些方国虽然表面上臣服于商王朝，但由于心怀怨恨，经常和商王朝发生冲突。

到了商王朝的晚期，千疮百孔的边境线战事不断，导致国家"半身不遂"，这个王朝已经失控了。

商王朝最终的落幕，据史书记载结局和夏王朝差不多，也是由于最后一任当事人——商纣王的各种劣迹，道德堕落，无恶不作，导致最后亡国。

但是，也有一些史学家认为，商纣王其实很勤奋努力，并不是一个只知道荒淫败家的君王，之所以史书贬损纣王，是因为后来的胜利者必须要在道德上打压自己的敌人。

商王朝灭亡的真正原因，在更深层的意义上说，是它较低的土地生产力，严重制约了国家发展，一方面增长的人口要求它不断扩张，而另一方面扩张所驱赶的部族又形成越来越强大的反抗力量，这种无解的矛盾积累到一定程度，必然会使其陷入严重的内外交困，直到国家的丧钟敲响。

华夏民族依靠黄河的背影，创建了两个王朝，但治水红利到此为止，自然地力已经无法承载前进中的华夏文明了。华夏文明要突破发展的瓶颈，必须要让土地获得更高的附加值，然而，唯一能够让土地"升值"的华夏精英，未来第三礼制王朝的创建者，此刻，正"沦陷"在游牧民族的包围之中。

专家在陕西长武县的碾子坡村，发现了大约 3200 年前，也就是商王朝殷墟时期的一个周人遗址。

这一带，在史书里记载为豳地，沟壑纵横，干旱少雨，属于游牧区域，周人却在这个与农耕格格不入的环境里，施展他们农耕的"十八般武艺"，潜心种地。

在碾子坡的文物中，有大量的农耕工具，这在同一地区其他游牧部族中是很少见到的，足以被游牧圈"举报"他们是相当"不务正业"的农民。

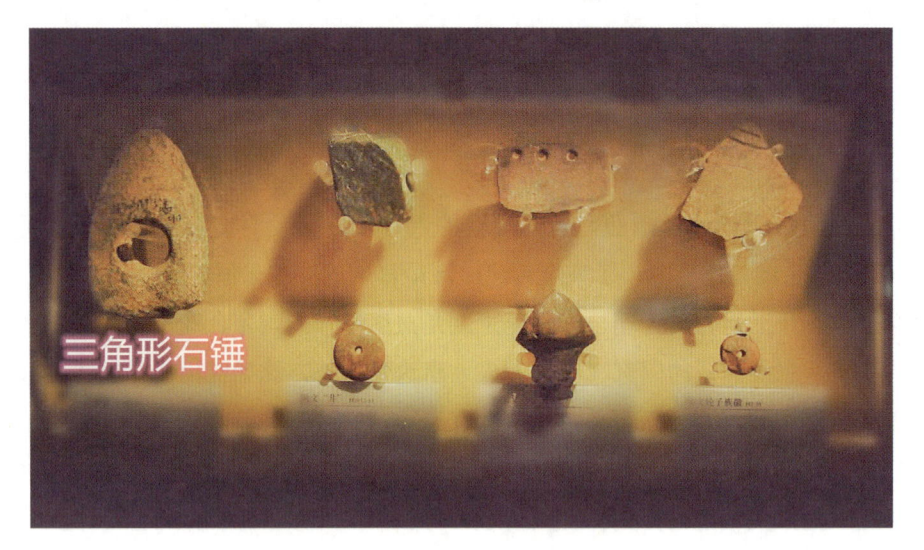

图225 周人在大山里的农耕工具：粗粝、厚重，有石刀、石锛、石锤、石凿，等等，最典型的是左边的三角形石锤

碾子坡的农耕工具出现了不常见的"暴力"倾向，其中有石刀、石锛、石锤、石凿，等等，特别是一种三角形石锤，是周人使用的典型拓荒重器，显然是为了适应这里严酷的地理环境，不得已表现出的"蛮狠"之风。

他们为什么会在如此欠缺农耕条件的地方，不因地制宜地养马放羊喝奶茶，非要逆天地去务农呢？

根据传说，他们不是这里的土著，而是失去家园被赶进大山的农业世家。

《史记·周本纪》写道：弃，周后稷，其母有邰氏女。

这个意思是说，弃，是周人的后稷（后稷是古代管农业的官），而弃的母亲是有邰人。

有邰就是今天渭河平原上属于陕西武功县的邰地，这是一片美丽富饶的关中田野。

传说，弃从小非常会种地，他可以利用田地的不同位置，按不同时节栽种不同的农作物，还可以把粮食、蔬菜和果木重叠着种在一起，增加土地的使用空间，往往一块地能多出几倍的产量。

图226 后稷——弃的雕像：华夏第一任"农业部长"

150

二十六　沦陷在游牧地区的农耕高手

由于弃是远近闻的名种庄稼高手，就被当时华夏部族的领袖——尧，聘任为后稷，相当于农业总管。

这个时代，部族的专业技能都是"闭环"式代代相传的，到了夏王朝，弃的后代也依然"世袭"后稷的官职。

史书记载："夏后氏政衰，去稷不务，不窋以失其官而奔戎狄之间"。

这个"夏后氏政衰"的意思是指夏王朝被商人灭亡，不仅后稷的官没法当了，身家性命也有危险，于是，最后一任叫不窋的后稷，仓皇带领部族逃到戎狄地区去了。

史书记载，周人在大山里，以坚韧的意志，没有丝毫懈怠，坚持农耕不息。

虽然这段后稷的故事并没有确凿的证据，但似乎是最有逻辑的梳理，否则的确无法解释一群人在大山中不愿意过信马由缰的快活日子，而非要执着地种地。

在碾子坡文化分布范围的旬邑县西北，有一座石头山，山的石崖上，建造着一个庞大的洞居群，叫琅天洞石窟，这里有300多个洞居，密密麻麻。

图227 朗天洞石窟：传说周人曾经使用的城堡

这些洞居都居高临下，攀登极其困难，传说这里是周人曾经居住的地方。

石崖俯瞰着一片被多山环绕的袖珍平原，清澈的三水河在其间流过，是山地中难得一见的适合农耕的土地。

这个环境典型地反映了当时周人的艰难，他们作为一个置身在戎狄包围圈中的农耕部族，就像是一头走进狼群的羊，他们既要发展农耕，又要防范侵扰，因此，他们在难得找到的比较适合农耕的土地旁边，千辛万苦地凿出了这些绝壁石窟，实行崖居式的军事农耕一体化的生活。

虽然这个崖居并不是考古遗址，只是一个传说，但也并非空穴来风，因为在这一带，除了周人的碾子坡文化以外，还找不到其他文化使用这些崖居的理由。

大约3100年前，在大山里被磨砺得逐渐强大的周人，已经不满足于躲在山沟里当胆战心惊的土豪了，这些原本脾气和顺的优秀庄稼人，在和戎狄的周旋中，长出了棱角和斗志，他们终于化蛹成蝶，进化了自己的生态链，开始寻找机会准备重返渭河平原，从商人的手里夺回自己的土地。

这个机会终于来了。

虽然商人几乎占据了黄河流域所有的冲积平原，但渭河平原的岐山以西一带，一直没有被占领，因为这里属于刘家文化。

刘家文化被认为是羌人，也属于戎狄，在商王朝的时代，他们几乎承包了商人最多的"爱恨情仇"，成为商王朝特别棘手的敌人。

殷墟甲骨文记录的最多的战争就是商人和羌人的战争。

下面是一些甲骨文的作战内容：

王呼执伐羌。

王呼，就是商王命令，执和伐都是征伐的意思，羌就是羌人，这句卜辞的意思是商王命令征伐羌人。

弱暨雀伐羌，典弗其伐羌。

这里的弱、雀、典等都是方国的军队，他们接受商王的命令伐羌人。

而甲骨文记载的最大的一次战争的动员令，就是征伐羌人："贞，登妇好三千，登旅万乎伐羌。"

登就是征集，这个甲骨文的意思是征集妇好族的三千士兵，又征集其他人的一万士兵去伐羌。在那个时代，上万人的军队已经是很庞大的数字了，可见商人和羌人战争的规模之大。

这里提到的妇好，在殷墟发现了她的墓葬，这是中国最早知道准确姓名的墓葬人物，妇好是商王朝殷墟时代著名的商王武丁的妻子，也是掌握国家和军队大权的女将军，大量甲骨卜辞表明，在武丁对周边方国、部族的一系列战争中，妇好多次受命代商王征集兵员，屡屡作为统帅征战沙场。

而这些战争中，目前看来人力动用最大的就是对羌人的战争。

图 228 妇好像：妇好是得到考古印证的中国最早的知名墓主人，也是商王朝的女将军和商王武丁的妻子，据说酒量惊人

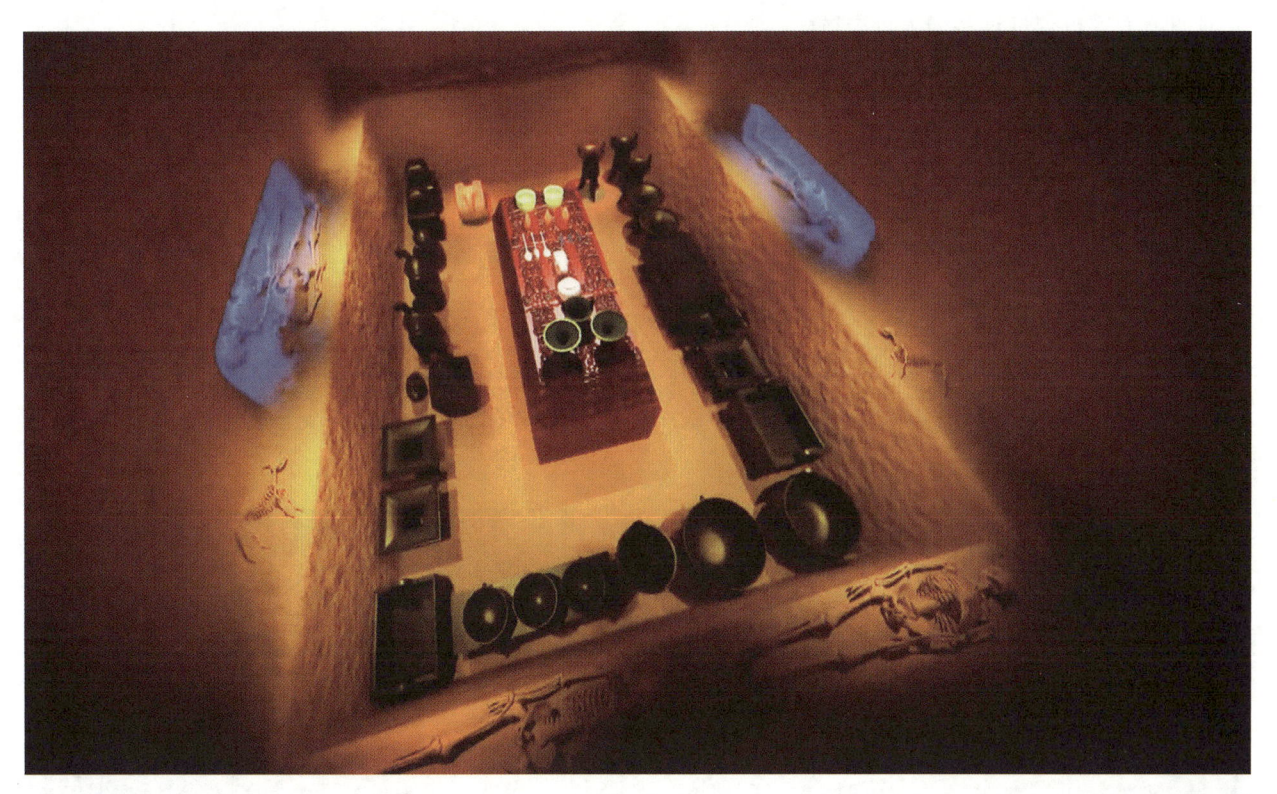

图 229 妇好墓葬复原：贵重的木棺椁，大量的青铜礼器、玉器，其中一件青铜鼎上刻有"后母辛"三个字，这个辛，就是妇好的庙号

但妇好很年轻就去世了。

死亡的原因甲骨文里没有说，有专家认为，这和妇好深受武丁宠幸，兼任占卜官，经常受命主持各类祭典有关，或许正是因为妇好过多地使用青铜器饮酒，导致铅中毒。

不过，除了妇好这样的大将英年早逝之外，商人没有把刘家文化赶跑的原因或许和祭祀有关。

根据殷墟甲骨文记载，在殷墟几乎所有人殉都是羌人。

王宾祖乙升伐羌。

王宾小辛升伐羌。

王宾是祭祀。祖乙和小辛，都是商王，"升"和"伐"，是杀头之祭。

酒羌自上甲。

上甲，是商人的王，"酒"，指用酒泡过的羌人祭祀上甲。

甲骨文中用羌人祭祀的名目繁多，有升羌、伐羌、岁羌、宜羌、卯羌、酒羌、燎羌等，都是非常严酷的手段。

目前看来，甲骨文里基本上只记录用羌人做祭祀的牺牲，从某种意义上说，羌人成了商人、活人祭祀的供体专业户，仅仅根据殷墟甲骨文的统计，羌人被用于祭祀的人数达到万人以上。当然羌人也不仅仅是刘家文化的一支，但一定是很重要的一支。

很可能商人残忍的人殉所产生的仇恨，激发了羌人的斗志，因此他们顽强地抵抗着商人，固守着最后的不到五分之一的渭河平原。

也有人认为，也可能是羌人适合祭祀，因此，商人故意不把羌人赶走，相当于把他们留在可以随时抓捕的地方，以保证这条活人供应链。

不管是什么解释，事实就是因为羌人的存在，周人得到机会进入了渭河平原。

考古表明大约 3100 年前，在岐山附近，也就是在刘家文化和商人之间对峙的犬牙交错的缝隙里，挤进来了一个新的文化，这个文化被认为来自碾子坡文化，因为最早是在陕西武功县武功镇的郑家坡发现，所以被命名为郑家坡文化，由于这个文化所在的扶风、岐山等地域叫周原，由此他们就被称作周人（在考古上，碾子坡文化和郑家坡文化都属于先周文化）。

经过一番险恶的流浪，百折不挠的华夏第一农户——周人终于回到了土地平坦肥美的渭河平原——传说中他们原本的故土！

《诗经》记载了这个重要而美好，对未来中国产生巨大影响的时刻：古公亶父，来朝走马，率西水浒，至于岐下。

图 230 雕塑：周人领袖古公亶父率领部族来到（重返）渭河平原

"古公亶父"是率领周人回家的首领，后来被追认为周太王，史书记载他率领部族重返平原，奠定了周人开疆拓土的基业。

"来朝走马"是早晨赶马，"率西水浒"，是指河的西岸，"至于岐下"就是到达岐山脚下，这个记载的整个意思是："清晨，古公亶父就赶着马，率领部族顺着河岸的西边，来到了岐山脚下"。

我们庆幸这个时代已经发明文字，史书记载 3000 多年前的事情，不仅和考古基本吻合，而且居然可以详细到具体的时间，地点和交通工具，甚至还能体会到周人迎着朝阳，踏在久违的柔软的平原土地上的那种喜悦。

本来一个羌人就已经让商人头痛，现在又多了一个既有戎狄的剽悍，又会种地的周人，商人被迫开始退却。

史书记载，由于周人的势力不断地壮大，商王朝边界脆弱的缺陷日趋明显，商人迫不得已承认周人

154

的地位，封周人为西伯，也就是西部的方国之长，这差不多是把小半壁江山给了周人。

原本只是一个在夏王朝打工的不问政治的祖传农耕手艺人，被商人驱赶沦落到游牧山区艰辛流亡之后，他们不仅在大山深谷里淬炼了坚强的生存意志，精进了农耕技能，而且经历过至暗时刻、绝地求生的周人，在政治上也拥有了抱负，他们已经成为商王朝的最强挑战者。

而渭河平原，这个神奇的裂谷盆地，作为华夏文明国家建设的新孵化器，又一次"点火"启动了，从此，它将在2000多年的时间里，迸发出源源不断的能量，驱动华夏文明。

二十七　实力管饭，天下一家

周人原本就是农业世家，又经过大山生活的淬炼，他们的技术已经远高于当时华夏大地的平均水平。

《诗经》，是中国最早的民间诗歌库，也是最早的周人生活的浪漫记录，它用生动的，非常接地气的语言，赞颂了周人踏上平原之后，如何花样展示他们独步天下的农耕技术。

《诗经·小雅·白华》写道："滮池北流，浸彼稻田。"

这是描述引滮池之水灌溉稻田，意味着周人已经有了人工的灌渠，在一定程度上可以不靠天吃饭，旱涝保收。

关键是，这句诗彰显着一种气势，因为"滮"这个字相当威猛，可能是地名，也很可能就是周人对自己灌溉系统的霸气爱称。

《诗经·小雅·信南山》写道："我疆我理，东南其亩。"

亩就是垄，南亩就是南北垄，东亩就是东西垄。

这是描述周人使用高出地面的垄畦来耕作，垄畦是一种伟大的发明，它是人工灌溉及自然降雨的一种巧妙结合，可以让庄稼的根系既充分地吸收水分和营养，又能避免上面需要光合作用的枝叶被淹，这项直到今天都还在沿用的农民看家技术最早的记录，就是在这里。

《诗经·小雅·甫田》写道："或耘或耔，黍稷薿薿。"

这里的"耘"是除草，"耔"是培土，"黍稷"是粮食，"薿薿"是繁茂。

这是描述通过除草和培土的操作，让庄稼长得繁茂，可见周人已经懂得了如何给庄稼做"排毒"及"舒筋活血"之类的田间管理。

《诗经》中有很多对农业技术的诗意描述，这些描述，不仅歌唱了美好的生活，而且道出了中国几千年农业技术的精髓，正是这种系统性的农业技术，支撑了一个人口众多的大农业文明。

根据专家的计算，周人单一品种的粮食产量可以达到亩产90斤左右，是商人亩产60斤左右的1.5倍，而且，周人不仅亩产高，还能分时播种、套种、间种，总收成可以增加几倍。

农业技术推动社会进步，因为这意味着土地空间的矛盾缓和，千百年以来炎黄子孙各部族之间，因人口增长而引起的相互驱赶和杀戮的现象，可以得到极大的遏制。

从羌人的刘家文化和周人的郑家坡文化的发展可以看出，早期，他们相互还只是边缘友好，但随着时间的推移，这两个文化逐渐合为一体，不分彼此了。

两个部族愉快融合，这个情况以往几乎是不可能出现的，但因为周人有实力在有限的土地上管更多的人"吃饭"，所以部族之间和睦共处就水到渠成了。

周人到了周文王的时代，由于粮食富裕，甚至还开始了土地改革。

周人姓姬，周文王叫姬昌，是古公亶父的孙子。

早期华夏农耕社会，老百姓没有自己的田地，种的粮食都归公，也就是由上层支配，而周文王则破天荒地把地租给老百姓，这实际上是让奴隶变成了农民，让老百姓开始有了归属感，同时也有了私有财产，生产力得到极大的解放。

结果是生活幸福指数的提升，而这必然带来社会极大的和谐，因此，在这个意义上可以说，农业技术进步促进了社会公平和道德的进步。

史书记载由于周文王发展农耕，礼贤下士，尊老扶弱，赢得了老百姓的极高赞誉，而商王朝的最后一任王——纣，则坏事做绝，对老百姓百般伤害，于是，

图231 周文王：一个最早实行"土改"的领袖

天下人心大都背离了商王朝而投向周人。不过，史书在这里更多的是追究道德，但忽略了"管饭"这件事是道德的基础，因为商纣王实在是家里没有"余粮"了，即便想对老百姓做慈善，也无能为力。

周文王去世之后，他的儿子周武王开始挥舞他父亲留下的所向无敌的道德大旗，给已经摇摇欲坠的商王朝最后一击。

推翻商王朝决定性的军事对决叫牧野之战。

牧野位于河南鹤壁太行山东麓苍茫的广袤平原上，牧野古战场，放眼望去，都是含铁量比较高的红色土壤，这殷红的土地，似乎还映射着昔日战争的血色。

史书记载当时商纣王的兵力有17万人，而周人只有4万多人，但是，周人是农民，拿着土地证，代表着朝气蓬勃的未来，商人是奴隶，下无分文，上无片瓦，心灰意冷，无心恋战，纷纷倒戈，他们的军队一触即溃。

值得回味的是，牧野也是黄河伟大的水利设施——禹道，经过的地方，大禹当年就是修建了禹道，治理了天下的洪水，从而创建了夏王朝，而商人也因为在这里管护禹道发展壮大，最后建立了商王朝。

图232 周武王：结束商王朝统治开启家国一体的帝王

而善于农耕的周人，恰恰在这禹道的旁边，决定性地打败了靠治水出道的商人，这会让世人有很多的唏嘘，因为一条伟大的禹道曾经孕育过两个华夏王朝，而此刻，寂寞的血色大地似乎提示着，曾经依靠治水而得到天下的时代一去不复返了，华夏民族此刻需要土地附加值的更大化，来攀登文明更高的梯度。

商人的都城殷墟，大约是在3066年前被周人占领，商王朝从此宣告灭亡。

157

图 233 利簋：上面的铭文记录了商王朝的灭亡

利簋，是周王朝最早的青铜器之一，它的主人是一个叫利的家族，是周武王时代的一个贵族。

在这个青铜礼器上面，出现了一段极为重要的文字，也叫铭文，刻在礼器内壁上，它写道："武征商，惟甲子朝，岁贞克昏，夙有商"。

这句话的意思是：武王征商，甲子日早晨，岁星在中天，战胜了昏君纣王，晚上占领了商都。

这是中国历史上一个非常值得铭记的日子，因为这一天，农民伯伯赢了，从此天下所有的炎黄子孙就不用再流离失所了，因为周人有能力给所有的人，包括被征服的部族发"饭票"了。

终结了商王朝之后，周人就开始了他们以强大的农业为背景的所向披靡的扩张计划。

周王朝初期有东西两个军团，共 14 个师，总兵力大约有 4 万人，这是在 3000 多年前中国乃至世界上最大规模的常备军了。因为这些军队采用的是服役制，而不是临时征召制（而商人的军队都是用的时候临时征召）。

图 234 周人丰镐都城和常备军的复原：一支四万人的军队，在 3000 多年前，需要多么巨大的一笔军费开支啊！举目天下，只有周人养得起

二十七　实力管饭，天下一家

周人之所以敢养着一支强大的常备军，关键在于有足够的军粮。

周人依靠丰足的粮食而使得军队强大的故事，有很多的传说。

在扶风岐山周人的老家，有一种面食叫文王锅盔，据说是周文王发明的。这种锅盔简直就是货真价实的巨无霸，能做到80厘米的直径，但制作它对面的揉压特别讲究，需要一个壮汉用长达一米多的擀面棍，将身体的重量加在擀面棍上，利用杠杆原理下压，因为只有把几十斤的面团用力揉透了，锅盔才能做得超大而结实。

由于这种大锅盔方便携带，于是，当年的周文王，让人做了大量的这种锅盔，挂在胸前当军粮，一方面可以随时充饥，另一方面据说可以当盾牌防身，一饼两用，打起仗来，攻无不克。

虽然这只是传说，但非物质文化往往会被加入很多真实的历史氛围。

图235　天子颁布诏令：普天之下莫非王土，率土之滨莫非王臣。周人如此豪迈的底气来自他们敢于给天下人"管饭"

3000多年前，兵精粮足的周王朝在渭河平原上的都城——丰镐，底气十足地对华夏大地宣布：普天之下，莫非王土，率土之滨，莫非王臣。

这就是开天辟地的中央分封的豪迈宣言！

在中国国家博物馆里有一个青铜鼎，叫大盂鼎，它高108厘米，重135.3千克，建造于西周的第三个王——周康王时代，鼎上有铭文，根据这个铭文，大致可以知道周王室是如何进行分封的。

铭文记载了周康王发布的册命：我学习先王，授民，授疆土，车和马，赐给你管理你的邦国的4个头目，人鬲、御手和庶人659名。

类似的铭文有很多，这种分封其实就是创业，王室在地图上划出一个地方，先用军队清扫，然后任命一个"创业"的头儿到这个跟自己毫无关系的坐标去当"地主"——封国国君，也就是"授疆土"，再赐给这个白手起家的国君各种人手，这就是"授民"，这些"民"并不都是周人，更多的是被占领地区的百姓，这些百

图236　大盂鼎：它的铭文记载了最早的分封创业

159

姓由于周人的粮食充足，不再被当作累赘而赶走，成为创业团队中的共同建设者。

封国创业的头儿大都是周天子的儿子、岳父、叔叔、侄子、舅舅，等等，完全体现了上阵父子兵，打虎亲兄弟，一片巨大的国家疆土，居然用一个"户口本"上的家族成员就全部收入囊中了。

在分封创业的过程中，血缘的亲疏，体现着王室信任的等级，往往越亲近的血缘，越被封到遥远的地方。比如姜子牙，也叫吕尚，他是周文王的军师，周武王的岳父，非常有才干，属于"五星级"亲戚，于是周王室把他封到离中央都城最远的山东，建立齐国，直接在海边钓鱼了。接着又把周公（周武王的弟弟，周成王的宰相）的儿子伯禽，也是"五星级"的亲属，封到挨着齐国的曲阜一带，建立了鲁国。正因为他们是与王室血缘最近的人，所以才让他们在离中央最远的地方担当重任。

实际上，周王室"户口本"上第一页的亲戚，基本上都成了戍边的最佳人选，封到了最偏远的区域，这样，周王朝就不用担心它的权威会因为地理疏远而被削弱。

离家千里到陌生的土地上去创业，离乡背井，亲情隔断，在那个靠鸿雁传书的年代是非常艰苦的差事。

传说伯禽在鲁国，十分思念自己的父亲，但是，因为工作非常繁忙，他不得不在鲁国一待就是三年。由于思父心切，又没有任何的通信工具，于是他就建造了一个望父台，每天都在这个望父台上眺望西方，抒发对相隔千里的父亲的思念。

可以说，早期的分封，都是可歌可泣的，正是那些不辞辛苦勇于奋斗的第一代穷贵族披荆斩棘，筚路蓝缕，才有了国家的壮大和文明的进步。

由于家族血脉纽带低成本的高效管理，依靠这种任人唯亲的血脉忠诚（只能说，其他文明的亲情大都是塑料的，而我们是钻石的），使得周王朝用一家人在很短时间就完成了对一个巨大国家的掌控，它的疆土远远超出了黄河流域，把南方的长江流域和北方的辽河流域都纳入了统治版图。

二十八　礼制在巅峰的自噬

周王朝把血脉的能量发挥到极致，用一个"户口本"统一了华夏大地。

这个统一，是礼制制度的胜利，是血脉传承的胜利，是农业技术的胜利，这个胜利的影响将会极其深远地支配华夏民族。

既然采用任人唯亲的礼制制度，就需要用礼仪管理。周人制定了包罗万象的精密的礼仪系统，来优雅地充满人情味地管理这个巨大的，包容了中华大地上几乎所有民众的社会。

不过，虽然周人把大部分的炎黄子孙都包容进了自己的国家，但这种包容是有条件的。周人，这个少数统治者，大部分都是这个国家的贵族。而非周人的部族，大都必须接受最低等级的安排，生活在社会的底层。

在周王朝的国家礼制制度中，所有人被归为 5 个等级。

5 个等级里有 4 个等级是贵族，分别是天子，诸侯，大夫和士，贵族大部分都有周人的血统，或者沾亲带故，但依据亲疏和贡献而地位不同。第五个就是庶人，庶人大多是被占领的土地上归从的老百姓，也是数量最多的垫底阶层。

虽然等级制体现了周王朝社会的不公，但是和商王朝的驱赶杀戮政策相比，对于庶人级别的老百姓来说，只要有地种，相当于吃着"低保"，不用去流浪天涯，就已经感恩戴德了。

在周王朝的等级制中，血缘比财富重要。由于所有的贵族都有封地，而各个封地的发展不平衡，因此，低级别的贵族完全有可能逐渐变得财大气粗，在财富上超过上一个等级。

于是，周王朝立下严格的规矩，所有人都必须恪守自己血缘权益的边界，小日子过得再滋润也不许膨胀，哪怕你家财万贯，富可敌国，也不能逾越规制。

比如，车马：天子六匹马，诸侯四匹，大夫两匹，士一匹。

青铜鼎：天子九鼎，诸侯七鼎，大夫五鼎，士三鼎。

青铜簋：天子八簋，诸侯六簋，大夫四簋，士三簋。

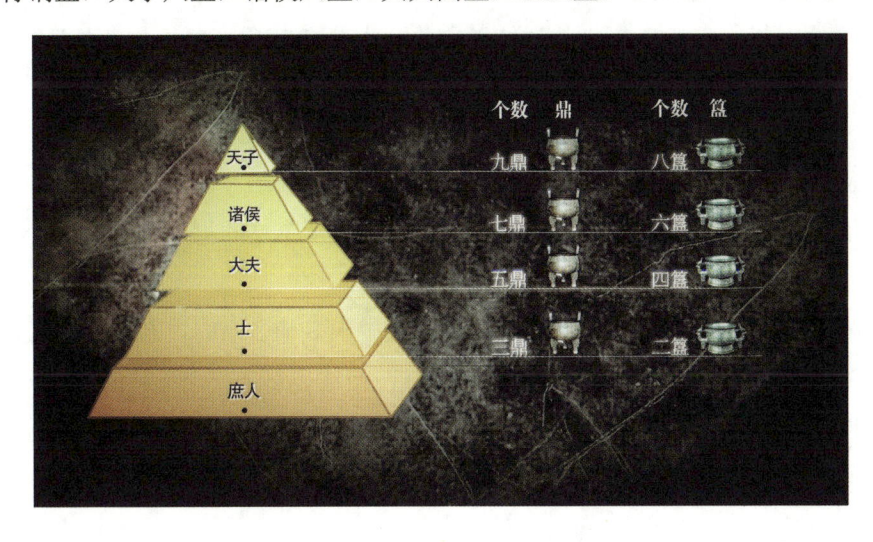

图 237 西周的等级：这个等级不仅以礼器的数量绑定，而且，不允许改变，生下来就必须"认命"，不能因为有钱就膨胀

类似的规定涉及衣食住行方方面面，包括走路、吃饭、穿衣、睡觉，等等，也就是说，人们每时每刻，举手投足几乎都有礼仪，这些繁复的，无孔不入的礼仪控制着社会的尊卑，维护着社会不受财富支配的等级和秩序。

礼制制度对美好人性的挖掘是几乎达到极致的，因为是为骨肉亲情设计的行政管理制度，它建立在高尚的道德伦理基础上，比如对上，要"忠孝"，对下要"仁爱"，等等，这些伦理一方面引导人们自觉地去遵循礼制制度，同时也逐渐衍生成为华夏文明的重要核心内涵。

周王朝的家国（一个户口本）天下，创建了一个十分完美的礼制制度，这个制度把亲情文明中最优质的品质挖掘了出来，而且用这种品质滋养着这个制度的生命力。

可以说，周王朝用分封检测了血脉政治的最大边际，成功达到了礼制制度的巅峰，但是，这个制度却无法终生"质保"，它有着致命的缺陷。

在某种意义上，周王朝就是一个庞大的血缘大家庭，但是，这个大家庭的家长，一直是赔钱赚吆喝，他注定是要破产的，因为"户口本"会越来越厚的。

图238 分封树：这棵血缘大树，一开始很粗壮，但当它的分支越来越多，离根越来越远的时候，它就会因为营养匮乏而轰然倒塌

天子最大，但天子都要生很多的儿子，其中只有一个儿子，也就是嫡长子（第一个夫人的第一个儿子）可以继承王位，其他的都只能是降级当诸侯，这些诸侯就会不断地从王室的封地里分割走土地。同时，还有大量的亲戚和功臣也会以各种理由"合法"瓜分王室的利益。

礼制社会最大的红利是传承，但最大的敌人也是传承，特别是中国多子多福的古老观念更放大了这个敌人的破坏性，天子每多一个儿子，王室就多一个潜在"敌人"，而这居然是一个无解的难题。

事实证明，在礼制的体制中，天子的财富是有限的，它没有增值的空间，反而会因为一代一代的血缘继承及各种理由的赏赐而切割自己，这是不可逆的，因为王室的土地库存就那么多，这种钝刀割肉早晚会蚕食掉王室的权力生态链，因此，无论一个礼制社会一开始的理想多么丰满，最终都会因为最高统治者的自噬而日趋"骨感"。

同时，王室在物质财富上的损失，很难在情感上找回来，因为，血缘记忆是不保值的，DNA 里面的情感会在子宫的迭代产业里凋亡。

可以说，一个无论多完美的血缘礼制王朝的尽头都只能是绝路，因为天子早晚会被贵族们吸干榨尽，沦为等级最高的"乞丐"。

史书记载，2800 多年前，也就是在周王朝统治了 200 多年之后，天子的实力和威望开始大幅下降，发出的指令也无人响应，诸侯国群龙无首，开始相互吞并。

几乎就是从这个时候开始，位于渭河平原名义上拥有天下，但实际上非常孱弱的周王朝王室经常被戎狄欺负，而天子居然无力保护自己，在周幽王被戎狄杀死之后，王室只能放弃渭河平原上有着祖先辉煌功业的丰镐都城，逃到东部大平原上，从此，周王朝进入了东周（此前叫西周），也就是春秋和战国时代，这是一个缺失最高"家长"主事，"户口本"被撕得七零八落，家族成员开始六亲不认、弱肉强食的时代。

根据《史记》记载，春秋之中，诸侯国之间，也就是曾经的家族亲戚之间，血雨腥风，弑君 36，亡国 52，春秋初期诸侯国有 140 多个，而到了后来，就只剩下十来个。

这在某种意义上，就是残忍的亲属圈互殴。

国家是从此四分五裂，封国割据一方，战乱不断，还是找到一个新的国家制度重新统一，成为这个时代华夏民族最大的困惑。

王朝崩溃带来社会的大动荡，于是，大量的知识分子在社会上游走，这些原本在礼制社会中为上层服务的读书人，突然获得了自由，他们的出现，激活了中华大地的智慧。

这些知识分子开始对中国的前途指点江山，发表见解，这是一个知识大爆炸的时代，也是一个创建各种门派的时代，被称为百家争鸣。

这些不同门派如同思想的明灯，从各个角度点亮了 2000 多年前华夏大地沉寂的天空，这其中有儒家、道家、法家、墨家、兵家、阴阳家、纵横家、农家、杂家，等等。

如果这些思想学派的璀璨灯火就这样自由闪耀，很可能，中国不久就会诞生经典科学，因为在这个时代，已经有了像墨子一样的科学探索者，有了三角计算、针孔成像、力学工程等自然科学的萌芽。

不过，中国注定不是一个彰显和鼓励个性成长的平台，中国的个人价值永远大不过民族命运，周王朝虽然崩溃了，但"普天之下莫非王土"的概念已经深入人心，而且炎黄子孙共同血脉的认知早已沉淀在基因里，所以，结束诸侯纷争，再次统一中国，始终是有理想的知识分子的家国情怀，也是这个时代最让人兴奋的高端追求。

因此，在春秋战国时代，真正格局宏大的学派就两个，一个是孔子创立的儒家，一个是法家，这两个学派都弘扬国家统一，但道路针锋相对，在这个时代对峙了几百年。

图 239 孔子：儒家代表人物，礼制制度的捍卫者，中华儒家伦理的奠基人

儒家的思想由孔子创立，孔子无限怀念西周的礼制社会，认为这个制度顺应了人的天然生理血缘属性的等级尊卑，很完美，必须遵守，只不过这种制度，需要有仁爱这种伦理的支撑才能长久，孔子总结之所以周王朝解体，是仁爱精神的崩塌，因此他整理出西周礼制社会的大量关于仁爱的经典，如《论语》《孝经》，等等，他号召，只要向民众推广、教育这些书里的仁爱，就能重新回到西周和谐的礼制社会中去。

图 240 李悝：法家思想代表人物，礼制制度的掘墓人，中华最早的法律专家

法家的主张是废除礼制，建立法制，认为再好的伦理也会被邪恶人性的弱点打败，人的行为只有靠法律约束。《法经》——中国第一部系统法典，首次提出法律面前人人平等。只有废除等级尊卑，剥夺贵族的特权，取消分封，实行由君王统一的中央法制集权，才能实现富国强兵，称霸天下。

儒家思想和法家的思想，一个要保留等级制，相信教育和感化，一个要消灭等级制，相信法律和约束，都是为了统一，各有道理，但方向完全相反，于是，有抱负的诸侯国都纷纷去试验这两种思想，结果，凡是采纳儒家思想的，基本上都灰头土脸，国力日益衰颓，而采纳法家思想的大都能够扬眉吐气，国力日渐强盛。

经过多个诸侯国的实操检验，全社会终于达成共识：要想富国强兵，要用法家的"猛药"。

于是，剩下的逻辑就是，谁能把法家"猛药"大剂量地吞下去，又承受得起它可怕的副作用，让"药力"充分发挥，谁就能脱胎换骨地成为中国命运的主宰者。

二十九　严酷法制打败优雅血缘

西周王室在狼狈逃离渭河平原上的丰镐都城时，心中一定非常凄凉，因为在戎狄的追杀中，所有沾亲带故的诸侯，都自顾自地逃命，根本不管他们的死活，关键时刻，居然是王室的"弼马温"，也就是给王室养马、干粗活的部族——秦人，保护了王室，并且一直护送他们到安全的地方。

王室没有想到，在大难临头的时候，还要靠外来底层"打工人"救自己，于是，感激涕零的王室用它最后的"破产账户"给秦人开支票：只要他们能打败侵害王室的戎狄，将他们赶走，就把整个渭河平原都赐给秦人作为领地，并且火线"盖章"，承认秦人是正式的诸侯国。

从某种意义上说，这是衰败中的周王室开出的最伟大的一张空头支票，因为，这张空头支票把秦人从"马夫"诱惑进了华夏政治舞台，并且最后正是这个在华夏政治舞台上叱咤风云的"马夫"统一了中国。

秦人虽然也是华夏部族，但属于西部游牧集团，他们的老巢，也就是最早的考古遗址，目前发现是位于甘肃礼县的大堡子山，在周王朝的疆域之外，不属于周王朝的管辖（大堡子山刚好贴着胡焕庸线的西边，曾经的马家窑文化区域的东部边界）。必须感谢伟大的胡焕庸气候线，如果没有这条气候线的分割，很可能就不会有秦人，而如果没有秦人，很可能就没有中华民族的大一统。

同时还要庆幸秦人所处的位置恰到好处，如果秦人离这条胡焕庸线太远，很可能就没有在周王朝打工的机会，因此，最佳位置就是正好"骑"在胡焕庸线上，既有游牧民族的剽悍，又能很便利的给周王朝打工，从而更多地熟悉礼制制度并且得到护驾的良机。

恰恰因为秦人是游牧出身，对付戎狄有一套办法，特别是在周王朝许以丰厚报酬的诱惑下，这个瞬间理想膨胀的秦人，很快就把其他戎狄都搞定了，也就是说，秦人居然把空头支票兑现了，从此这个末班车诸侯就盘活了被周王室放弃，并且被所有大平原上富裕的诸侯国看不上的整个渭河平原。

不过，和其他在中原更富裕的资深诸侯国相比，秦人这个游牧出身的末世诸侯是被轻视甚至遭受羞辱的，因此，秦人急切地希望富国强兵，赢得尊严。

图 241　秦孝公：秦国强大的奠基人，一个为富国强兵实现法家改革最好的"麻醉师"

于是，秦人用游牧民族大碗喝酒的慷慨大度，拿出了最好的薪酬条件、满腔热诚的工作合同来招聘，到处寻找可以帮助他们强国的人才，最终，他们遇到了商鞅，这是改革的绝配，因为商鞅是法家中改革最锋利的"手术刀"，而秦人又是对法家改革痛感最麻木又经得起大流血的肌体（这得益于秦人比较浅薄的礼制意识和游牧气质），于是，中国历史上一场颠覆性的，逆"血"而行的改革，就大刀阔斧地在急于富国强兵的秦国国君——秦孝公和一个充满激情的外聘流浪知识分子——商鞅之间发生了。

图 242 商鞅：礼制制度的埋葬者，一个让秦国改革成功的最好的"外科医生"

在秦国这个最不怕流血的改革实验田里，商鞅比李悝等法家前辈改革得更狠，也更全面，可以说几乎是"肆无忌惮"地改革。

他的改革主要有：颁布法律，废除贵族特权；取消分封，实行郡县制，把权力集中到王室；重农抑商，鼓励垦荒，促进秦国农业经济；奖励军功，制定二十等爵制度，提升军队的士气，等等。

这些改革，虽然对强大国家有利，但对贵族刀刀见血，伤害性和侮辱性都很强，几乎每一步改革的成果，都是贵族被打压的代价，这在其他诸侯国基本上都推行不下去，只要一遇到"硬茬"叫板就半途而废，而秦国这驾改革的战车几乎一脚刹车都没有踩，红了眼的商鞅轰着油门在秦孝公这个闭着眼的副驾驶的陪同下，碾过了所有的"雷区"。

史书记载，秦国国君的亲哥哥，因为触犯了刑律，要被判处刵刑，也就是削去鼻子，这可是对王室亲贵极大的侮辱，很多人都为国君的哥哥说情，甚至国君亲自来说情，商鞅就是不为所动，坚持执法，最终把国君亲哥哥的鼻子割了下来。

商鞅用一个高贵的鼻子为他的改革彻底扫清了障碍，从此，改革更加义无反顾地进行，整个社会充满活力，秦国很快兵精粮足，成为最强大的诸侯国。

商鞅的改革成功和秦孝公的全力支持分不开，秦孝公为了秦国强大，为了改革成功，表现出极强的大局意识，甚至愿意与商鞅分权。如果说商鞅是锋利的改革"手术刀"，那么秦孝公就是改革的"麻醉师"，没有他和商鞅的完美配合，改革这个手术是很难做下去的。

不过，秦国改革成功还有一个很重要的地理武器，这就是绝好的"手术室"——汾渭裂谷制造的渭河平原。

裂谷 长河 悠悠中华

渭河平原易守难攻（四面大山环绕，中间是肥沃的土地），而且孤悬在黄土高原上，可以说改革的过程中，秦国就像在ICU里做手术的病人，一度衰弱到要"插管子"，如果不是渭河平原有地理屏障的阻隔，并且独处于中原密集的诸侯国之外，改革"手术"很可能就会因为遭遇邻居的各种"问候"而受阻。

这个裂谷制造的渭河平原，保障了一场中国历史上最早的，对血缘权贵打击最大的，百姓获得权益最多的改革的顺利完成。

商鞅的改革脱胎换骨地重塑了一个强大的秦国，更幸运的是，这个破茧成蝶的强大秦国最终又交到了一个有着雄才大略的接班人——嬴政手中，在他的运筹帷幄下，毫无悬念地碾压了其他各国，在公元前221年，建成了一个一统天下的大帝国。

这个帝国的统治者叫作皇帝，因为这个最高统治者高度集权，不允许再有独立的封国，行政区域都改成了郡县，所有官员都归中央调遣而不能世袭，所有武装力量都归中央指挥而不允许私人拥有。总之，全天下的权力和财富都归属皇帝一个人。

嬴政不仅用金戈铁马创建了一个大帝国，更是里里外外装修了这个帝国，他首先把以往各个诸侯国的城墙、地标全部拆掉，把中国大地上几乎所有妨碍统一视线的壁垒，都从"物理"上清除。同时实行"车同轨，书同文，统一度量衡"的举措，把所有文化、经济和生活方方面面的尺码型号，都强行统一。

图 243 长城

嬴政做的最大的一个工程，就是修建长城，这大概是一个游牧民族出身的帝王才能想到的点子，因为他知道石块和砖头垒砌的高墙，可以极大地遏制马背上的杀人机器产生的贪欲。

他用这座惊世骇俗的国家超大围墙，完成了对气候线的分割，把游牧民族挡在了外面。虽然长城并不能完全抵御游牧民族的攻入，但至少给马这种只善奔跑不会翻墙的动物增加了前所未有的难度，因此，大量的游牧民族知难而退。

图244 秦始皇：中央集权的皇帝制度的开创者。中央集权制是中国古代社会2000多年一直没有"死亡"的制度，是一个既能维护国家的大一统，又能避免权力自残和社会僵化的制度

因为嬴政是中国历史上第一个获得前所未有的巨大权力和丰功伟绩的秦国皇帝，也是千古一帝，所以被叫作秦始皇。他创造了一个极其专制、严酷的制度，而只有这样"六亲不认"的铁血制度，才可能把一盘散沙的中华民族统一起来。

不过，秦始皇伟大而严酷，六亲不认的大帝国，只存在了十五年，实际上，中国第一个大一统的中央集权国家非常短命；它征服所使用的暴力和铁血，也是一把致它灭亡的双刃剑。

由于秦始皇的暴政，极为严苛的刑法，无尽的徭役，一点不给社会降低对抗、休养生息的机会，于是民众不得不鱼死网破地反抗，最终以刘邦为首领的起义军推翻了秦王朝。

然而，秦王朝的结束，并不意味着他创建的皇帝制度的结束，秦始皇用短短15年的时间，就示范了一个可以远比礼制制度更高效地统一一个庞大国家的新"模板"。

但是，这个充满活力的新"模板"有着致命的缺陷，这就是太"铁血"，否则这个"模板"也不会这么快崩溃，但"铁血"又是这个制度的最大含金量，否则不可能在冷兵器时代统一如此庞大的国土和人口，那么如何让这个制度所必须有的"铁血"良性存在，不会反噬自己，是这个制度能否有长久生命力的最大问题。

三十　殊途同归的一对"死敌"

刘邦在推翻了秦王朝之后，力排众议，继续沿用了秦始皇的中央集权制度，因为这是维护天下统一最强大的制度，但实行这个制度就必须有很多"严苛"法令，而这恰恰又是这个制度会引起民众反抗的致命隐患。

刘邦这个来自鱼米之乡的江苏人非常明白，既然选择了秦始皇的铁血制度，就得学会吃肉夹馍，于是他继续选择了秦王朝一直盘踞的，被群山围绕的渭河盆地建都，虽然秦王朝刚刚在这里被埋葬，但不影响它依然被评估为国家安全都城的首选。

不过，刘邦也知道，要保障国家的安全仅仅有渭河平原的地理屏障是不够的，秦王朝的快速覆灭的确是还冒着热气的前车之鉴，因此，在建都渭河平原的同时，刘邦开始寻找另一种可以帮助他守护江山的武器，他明白，既然选择最铁血的制度，就必须镶嵌最柔软的"衬里"，最大可能地缓和社会矛盾，让朝廷和民众可以和谐相处。最终，他找到了，这就是孔子创立的儒学。

但此刻的儒学已经被打下十八层地狱了。

秦统一六国之后，秦始皇大规模禁绝儒家书籍，格杀对朝廷不满的儒生，制造了震惊天下的"焚书坑儒"。

刘邦正是在儒家遍体鳞伤、苟延残喘的时候，果断地对已经社会性死亡的儒学做"心肺复苏"。

首先，刘邦来到曲阜孔子的老家，以太牢（最高级的用牛羊猪共同献祭的祭礼）之礼仪隆重祭祀孔子，对孔子表示了极高的礼遇。

接着刘邦诏令诸侯、公、卿、将、相这些高层官员，必须要先拜谒孔庙然后再上任。

从此，儒学，这个在战国后期被严重蔑视的为礼制唱挽歌的学说，在落魄了几百年之后，峰回路转，从汉高祖刘邦开始，被抬上圣坛。

到了汉武帝的时代，更是提出"罢黜百家，独尊儒术"，把儒学的地位提升到皇家御用的高度。

汉初有博士官，也就是高级知识分子做的学位官，但一开始，当这个官并不限于儒学，如诗赋、方技、术数或有其他专长的也行。在罢黜百家后，汉王朝规定，儒经以外的其他博士官一律废罢，只有儒学五经才有当博士官的资格，从此在制度文化的层面上确保"独尊儒术"。

儒学虽然不能制造军事机器，横扫八荒六合，统一天下，但是，它可以让民众建立起心中和谐的世界，减弱统治者和被统治者之间的冲突，缓和社会矛盾，这恰恰是弥补秦始皇创立的中央集权铁血制度求之不得的"衬里"。

孔子的思想主要就是仁爱和忠孝，这是礼制社会几千年以来从血脉中"结晶"出的伦理，也是华夏文明独创的宝贵精神财富，汉王朝把这种伦理从礼制制度的废墟里"淘"了出来，并且植入新生的中央集权国家制度中。

当孔子的儒家思想踏着"红毯"被迎请到"死对头"法家建立的国家制度中的时候，居然并没有"排异"反应，非常适配这个铁血框架。因为，毕竟礼制制度的意识形态曾经在中华大地上"煲"了几千年，是很有共鸣和感召力的。

曾经的礼制制度的肉体崩溃了，但它的灵魂无比尊贵地重获新生。

从此，中国的法家国家机器，就被注入了儒学的气血，法家的骨骼框架是否安全，反而要看儒学这个"气血"是否得到疏通。

汉以后的隋朝，不仅进一步地推广儒学，而且首创了科举制度，直接让儒学成为做官的"直通车"。

隋炀帝诏令："凡孝悌有闻，德行敦厚，节义可称，操履清洁，学业优敏，文才秀美者，都可举官"。

这些美德基本上都是儒学倡导的内容，从此，儒学人品就成为国家选拔官员的重要考量，进入了国家人才选拔专项定制的考核系统。

唐朝以后，统治者继续给儒学加光环，中国第一个状元就是在唐朝诞生的，这意味着顶尖人才选拔路径的儒学模式正式开通，尤其是到了武则天的时代，这位集美貌和权力于一身的女皇，是第一个在皇宫里接见殿试考生的皇帝，她用这个举动昭告天下：所有的人，不分高低贵贱，无论有无人脉关系，都要通过儒学这条大道才能达到人生巅峰。

从此，中国就是一个骨头是法家，而气血是儒家的双管体制，两者刚柔相济，相得益彰，使得中华民族得以在公元前221年秦始皇统一中国之后，一直在法家的"硬件"复制和儒学的"软件"升级中延续长达2000多年。

可以说，法家和儒家，其实是一对殊途同归，难以分割的"死敌"。

正是这一对曾经的"死敌"摒弃前嫌，甜蜜合作的不断深化，才能创造世界的奇迹——一个外壳最铁血的制度，却拥有一个最柔软的"衬里"，让我们的文明历经风雨岁月，始终保持着民族统一。

图245 唐朝科举：尊儒的最"牛"举措，就是用做官来"诱惑"人们推广儒学，皇帝亲自为儒学"带货"，这是可以一步登天的考试

三十一　裂谷与千年漕运

在法家和儒家这两个由死敌转为"兄弟"的互补体制的"试运营"完善之前，国家的都城，也就是朝廷的政治中心，基本上没有离开过汾渭裂谷。

秦王朝之后，西汉、隋、唐三大朝代的都城，都选择建在渭河平原。因为这些王朝的统治者都认为，这个四周被群山环绕的高海拔平原，进可以攻，退可以守，还有一定的粮食自我供给能力。总之，只要儒家"忠孝仁爱"的思想还没有充分深入人心，一个容易得罪老百姓的铁血政权只能尽可能地"蛰伏"在比较安全的地方。

因此，渭河平原，这个由裂谷演化而来的高原盆地，几乎从西汉王朝建立开始，连续一千多年，就一直是华夏文明国家心脏的最佳保护壳，它帮助铁血集权制度渡过了"襁褓"阶段的危险期。

不过，这个黄土高原上远离中原的"安全岛"，虽然攻守兼备，但毕竟也有它的短板，特别是当国家的机构逐渐庞大，人口日益增多，使得相对比较小的渭河平原对朝廷的供养能力开始捉襟见肘时。

于是，为了支撑朝廷的庞大开销，从富庶的地方往高原都城调运粮食，就成了国家的"岁贡之命脉"。

最初刘邦选择渭河平原的长安作为京都，对这个盆地的物资供给担心的时候，谋士张良对刘邦说：

河渭，漕挽天下，西给京师。

河就是黄河，渭，是渭河，张良的意思是，这两条河组合起来，可以把天下的物质向西运到京师。

刘邦听到这句话才能踏实地吃肉夹馍。

不过，这个肉夹馍的代价太高了。

由于渭河平原是在黄土高原上，山高路险，陆道非常难走，因此只能利用黄河的水道运输，也就是漕运（漕运就是利用水道调运公粮的运输），这是黄河历史上一次大规模逆向运输的大工程。

国家的心脏能否正常跳动，就要看这根黄河的"血管"能否及时地运送"营养"。

漕运这根"血管"的外循环开始于西汉，是当年张良用他过人的学识提出的，让汉高祖刘邦拍案叫绝的主意，没想到创造了黄河长达千年最惊心动魄的航运史。

史书记载，汉初，朝廷的粮食只需要几十万担，到了汉武帝时，就需要一百万担左右，而到了公元110年左右的汉朝末年，漕运增加到400多万担，为了漕运所派的人力，达到6万人之多。

到了隋朝，漕运的需求量变得更大，涉及供给的地域更广。

为了能够顺利地保障漕运所需要的物资供给，隋炀帝决定建造大运河，疏通了永济渠和通济渠，并且改造了越国曾经修建过的邗沟，使国家各个地方的水路交通都可以和漕运的主动脉——黄河，以及物产丰富的长江联系在一起，形成了遍布全国的，长达2700千米的大运河网。

不过，给京师运输物资，最严峻的考验还是进入黄河以后的三门峡河道。因为这是一个非常陡的直线上坡，海拔从100米上升到300米左右，而且由于是在峡谷之间，河道非常窄，水中有很多礁石阻挡，水流十分湍急，是一道非同寻常的天险。

史书记载："岁漕砥柱，覆者几半"，这个意思是，每年的漕运，翻船的几乎达到一半以上。

还有更惨烈的记载:"古无门匠墓"。

门匠就是行船的水手,这个意思是,行船的人基本上都溺死于水中,连岸上的墓都没有。

因此,为了突破三门峡这个"鬼门关",缩短运输时间,减少沉船事故和伤亡,把更多的粮食安全运到京都,人们很早就在这里开凿了拉纤的栈道,用陆地上的人力帮助船只通过这个险要的河段。

图 246 黄河古栈道:悬崖上面密集的壁孔和凹进去的石壁,体现着当年为都城供给粮食的艰难,可以说,漕运的年代,也是等待儒家思想为国家安全账户"充值"的年代

黄河三门峡的栈道,是世界上最早,也是最险的用于河流运输的栈道之一。

今天的三门峡河道因为修建了三门峡大坝,河面已经上升,很多古栈道都被淹没了,不过,依然还能在三门峡大坝下游河道的石壁上,发现很多栈道的遗迹。

图 247 黄河古栈道的绳槽:每到拐弯处,都会有这样的纤绳磨出的石槽,可以想象当年的拉纤力度多么大

这里有大量和栈道相关的壁孔、底孔、桥槽、壁槽等残存,它们断断续续地存在于几十千米河段上,

而且，栈道遗址中，出现了汉、隋、唐多个朝代的题词，可见这是一个跨朝代的工程，不管各个朝代统治者的治国方略有什么不同，然而他们对"蛰伏"在渭河平原上等待儒家思想给国家安全"充值"的态度上，是非常一致的。

三门峡的古栈道，就是2000多年前的汉朝开始修建的，使用长达1000多年的供给国家京都粮食物资的命脉，中国前几个盛世大王朝——汉、隋、唐的繁华背后，就是靠如此血汗运输的代价，维持着权力和政令的安稳运行。

虽然，朝廷为了自身的安全，勉为其难地消耗庞大的国力来维持漕运，是一种成本很高的行为，但是，这种政治性的物流，是朝廷必须付出的代价，国家的心脏机关，必须依托汾渭裂谷这个五星级的"安全岛"，等待着儒学对国家中央集权制度的过于铁血的缺陷漫长地精"装修"。

而这个"装修"过程，居然用了千年，于是，三门峡几十千米的河道，也惊心动魄了千年，那些支撑朝廷"装修"的河魂拉纤的号子声，也响彻了千年。

三十二　中华大熔炉

声势浩大的千年黄河漕运，结束在宋朝。

宋朝是一个很有安全感的王朝，因为这个王朝继承了一个巨大的，并且已经开始对社会稳定发挥重要作用的遗产，这就是推崇了1000多年的儒学。

尝到甜头的宋朝进一步强调儒学的重要性，它对科举又进行了改革，唐朝科举考的内容还有点庞杂，儒学只是其中的一部分，而到了宋朝，就不再犹抱琵琶半遮面，考试内容干脆基本上就全部是儒学了。

同时，宋朝还增加了招生人数，特别是最高等级进士这个级别的人数大大增加，在以往唐朝一般只招十几个进士，而宋朝则可以招到几百个，而所有到了进士的人，都被叫作天子门生，地位非常高，可以做官至宰相。

在宋朝，儒学通过科举这个渠道，已经完全把控了朝廷人力资源的输送，并且把国家的整体文脉也彻底儒学化了。

可能就因为这样，宋朝的皇帝及大臣们都认为天下终于是太平了，和前几个王朝相比，宋朝是最没有忧患意识的王朝。

因此，宋朝不把安全考虑作为选择都城的首要理由，而更重视经济。他们不吃肉夹馍，改吃灌汤包，定都在地势开阔，交通发达，商贾云集的开封。

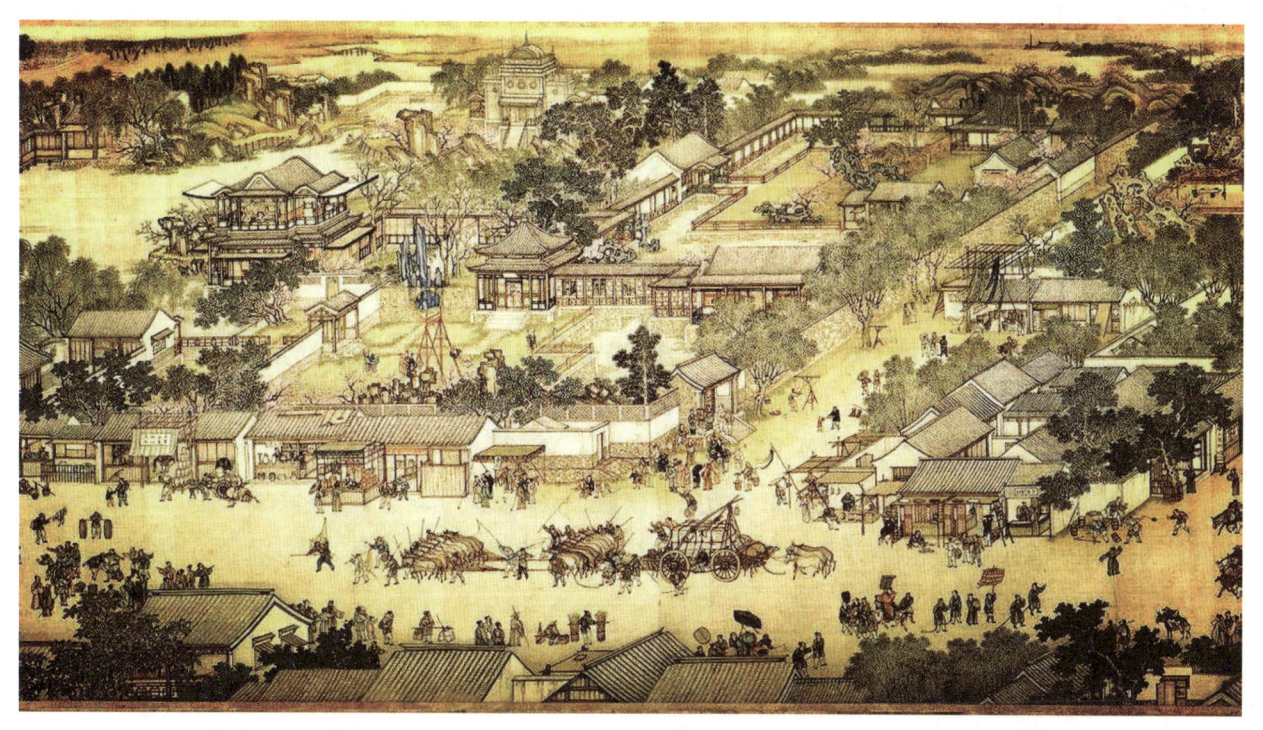

图248 《清明上河图》：汴京——开封，1000年前中国最繁华的财富聚集的一线大城市

175

《清明上河图》这幅著名的绘画长卷，生动细腻地表现了古开封，也就是汴京及汴河两岸的自然风光和人文景观，全方位展示了宋朝社会的繁华富庶。

宋朝也有社会矛盾，也激化为农民起义，但是，却没有像刘邦、项羽那样义无反顾地死磕朝廷。

特别是著名的山东水泊梁山的农民领袖宋江，在起义进行得轰轰烈烈的时候，脑子里儒家伦理的"芯片"突然由"潜伏"变为"活跃"，喊出了只杀贪官而不反皇帝的儒家口号，居然停止反抗，选择被朝廷招安，把自己由原来的朝廷"病毒"变成"360卫士"，之后还"立功赎罪"帮助朝廷剿灭了另一支由方腊带领的农民起义团队。

由此看出，统治者为什么不惜以最高的代价——做官来引导儒学思想对民众的渗透。

不过，虽然国内的统治者和民众的矛盾由于朝廷推行了儒学思想而缓解，但是，另一种更大的冲突出现了。

华夏大地上，有着高度发达的农业，这是得益于我们耕作的土地和浇灌的雨水都是世界顶级的，而这，恰恰是我们处于欧亚大陆和太平洋之间这一地理位置所得到的福利。

由于欧亚大陆是地球上最大的陆地，而太平洋是地球上最大的水体，它们之间的冷热物理效应就产生了行星表面最大的气体对流——东亚季风。

冬天的冬季风从内陆深处的戈壁沙漠给我们空投黄土，夏天的夏季风从太平洋深处给我们运送雨水。

可以这么说，如果没有广大的、干燥寒冷的高纬度的内陆，没有几百万乃至上千万平方千米荒凉的沙漠戈壁和草原，就没有强大的季风形成机制，也就没有我们的肥田沃土和充沛雨水。

在这些颇有"为他人作嫁衣裳"的草原戈壁上，散布着很多游牧民族，千百年来，由于缺少优质的土壤和足够的雨水，他们一直生活得相对艰难，在某种意义上，我们中原的富饶有很大的一部分是用他们的贫瘠换来的，也是"欠"他们的，因此，他们始终觊觎着中原的富饶，随时准备索要他们的"补偿"。

当年秦始皇用举国之力修长城，就是不想还这笔"欠款"，他想不想当一个"老赖"我们不得而知，但因为法制中央集权王朝刚刚创建，需要逐渐地完善，这个时期不能有太多的外部干扰，所以，秦始皇冒着百姓怨声载道和陈胜吴广的起义，甚至二世灭亡的风险也要把这堵"躲债"的大墙建造起来。

长城的确是在很长时间里，保护了中原没有受到草原民族的严重的攻打。

虽然，这道万里城墙难免会有破损的时候，但最终也因为都城设在裂谷保护的渭河平原里而没出大事。可以说，长城和裂谷是中原王朝的双保险。

而恰恰懈怠的宋朝终于给了草原民族机会，离开了裂谷保护的渭河平原的国家都城，无法阻挡北方游牧民族越过"躲债墙"长驱直入，他们以"债权人"的傲慢和粗鲁，一直打到宋朝的都城开封，并且攻陷城池。

豪华的宫殿被洗劫一空，宋朝的皇帝宋徽宗和宋钦宗双双被俘虏，大量的后宫家眷里成千上万人都因为没有来得及逃走而被抓。这个事件成为中原农耕王朝史上一个前所未有的特大耻辱，也算是农耕民族为游牧民族还了一笔巨额"欠款"。

然而，这种"讨债"还在继续，接下来，憋屈了上千年的游牧民族风起云涌，所向披靡，彻底地扫荡了中原大地。

其中最势不可挡的是蒙古军队的风暴，剽悍的骑兵横扫欧亚大陆，同时占领了几乎整个中国，把中原几千年来"欠下"的债务连本带利地追索回去了。

蒙古人建立了元朝，中国的政治地理格局发生了重大变化，以往国家的心脏和躯干的以西为主的格局，变成了以北为主的格局，也就是原来裂谷支配的中原大地的农耕格局，变成了冬夏季风主导的游牧和农耕冲突的格局，在这个季风支配的格局里，来自北方游牧民族的统治者把更能闻到草原气息的北京作为都城（元朝时叫元大都）。从此，北京这块长城脚下的风水宝地，就成为中国的政治中心。

从北京成为中国的政治中心开始，中华大地就开始由比较单一的农耕文明社会内部的矛盾，加入了与草原文明的碰撞和融合，这也是中华文明真正在完整意义上的拼图完成，因为没有草原民族深度参与的中国，不是完整的中国。

不过，游牧民族攻入中原，除了"索债"以外，客观上，当中原的王朝一旦有严重的积弊而自身无法消解时，也需要游牧民族来放血"治疗"。

然而，我们可以看到，中华文明真正最强大的资产，就是法家集权制度和儒家的仁爱思想，这一刚一柔的组合，就能成为一个让无论是农耕还是游牧民族都能安邦定国的"最佳套餐"。

元朝统治者在占领了中原之后，不仅实行了中央集权制度，而且，他们对中央集权还有新的贡献，这就是发明了行省制，为强化中央权力重新划分了地方管辖。

元以前的地方行政区划主要是"山川形便"，也就是指以天然山川作为行政区划的边界，使行政区划与自然地理相一致，这种做法虽然简便易行，但容易造成地方割据，元朝作为外来的统治者，很怕"地头蛇"，于是，元朝重新规划，实行行省制，而省的划界原则上打破自然的地势之险，使得山川河流与地方行政区域混合相间，杜绝可能会扼险而守的地理环境，因此就不容易产生分裂局面，这个行政区划的思路和结果，直到今天还保留了下来。

元朝统治者除了加强中央集权，同时也没忘了"套餐"的另一半——儒学。

于是，在他们不长的统治中，这个草原民族居然也照葫芦画瓢地举行过15次科举考试，也至少在表面上把孔子的思想当作国家尊奉的经典。

可以说，元朝已经很了不起了，他们这种对中原文化的学习态度，使得他们可以统治中原接近百年。

接替元朝游牧统治者的是明朝，打败了元朝之后，这个农耕民族的王朝是很硬气的，明朝皇帝继续定都在北京，也就是在可以听到游牧民族马蹄声的地方。

在北京燕山的崇山峻岭上重新加固的明长城，是明王朝决心延续从秦始皇开始的拒绝向游牧民族"还债"的态度，把"老赖"当到底。

不过，从某种意义上说，明王朝之所以能够有"天子守国门"的勇敢，是因为有"孔子安后院"的踏实。

史书记载，朱元璋作为明朝的开国皇帝，在刚刚登基时，就马上给孔子的后人发大"红包"。他下诏让元代最后一位衍圣公、孔子第五十五世孙孔克坚入京，给他赐田二千大顷，赐宅一区，赐二品官，并以其族人孔希大为曲阜世袭知县。

朱元璋非常清楚地知道，连草原民族都不敢怠慢的孔子的思想，对国家稳定的紧迫性和重要性。

不过，即便使用了这个安邦定国的"法宝"，也不能一劳永逸，封建王朝的积弊达到一定阈值，就会让草原民族找到"放血"的机会，明朝在200多年之后，各种矛盾无法调和，王朝岌岌可危，于是另一个草原民族——女真，他们打败了明朝，再次占据了中原，建立清朝。

但是，同样游牧民族出身的清王朝比蒙古王朝更聪明，他们知道推翻一个自身危如累卵的王朝容易，但真正统治一个庞大的农业民族，绝非易事。要想获得民心，只有靠儒学思想。所以，他们一开始就很谦卑地对儒学恭恭敬敬，康熙皇帝还亲自去了曲阜拜谒孔庙。虽然以前也有皇帝去拜谒孔庙，但康熙是第一个以三跪九拜之礼拜谒孔庙的帝王，由此可见，清朝统治者深深地懂得，金戈铁马、腥风血雨之后，必须要用仁爱来和谐天下。

到了清朝，秦始皇的法家骨骼和孔子的儒家经脉，已经相互合作并且以王朝更迭的形式复制和升级了2000多年。

可以说，中华大地就是一个大熔炉，不管是农耕民族还是游牧民族，只要想安邦定国，就必须在这个大熔炉里，用法与儒这两味真火炼出铁骨柔情，这也很符合中华文明的八卦哲学——万物阴阳始于冲突，归于平衡。

由于皇权对民众的铁血必须要儒学的"止疼"和"疗愈"，因此，以儒学为代表的"仁爱"这种中国特有的优质道德文化，在最高统治者的大力推广"带货"中，成为中华文明独一无二的伦理制高点。

从某种意义上说，如果没有中华民族血脉文化里诞生的儒家伦理，法家的铁血制度是无法持续的，秦始皇中央集权的"模板"也就没有存在的意义了，或者说，是由于有了儒家思想的"救场"，才有了法家制度能够长久被复制的可能。这一点，秦始皇在泉下必须反思他焚书坑儒的愚蠢。

当然，如果没有法制的铁血和集权，也就没有儒学的大力推广，成就中国最主要的意识形态，从这个意义上讲，孔子要好好地感谢秦始皇。

在以往2000多年的历史中，正因为有法家和儒家这对死敌摒弃前嫌，创造了独一无二的政治生态平衡，才能在国家意义上，长久地凝聚了中华民族这个世界上最大的血脉人类集团。

三十三　拥抱大海星辰

秦始皇为保卫中原修筑的长城，暂时抵抗了游牧民族对中原的进攻行动，但后来让西方文明大大受益。

实际上，中国古代四大发明中的三个：印刷术、火药、指南针都是由游牧民族通过战争传入欧洲的（造纸术已于九世纪后通过阿拉伯人先行传入），它们的引进对欧洲的生产力发展有着飞跃性的推动作用。

图249　中国四大发明：指南针、造纸、火药、印刷术，这些发明都是工业革命的技术基础

可以说，中国的四大发明中的至少三个，是通过游牧民族传给了欧洲，而事实上欧洲也是在得到了这些发明之后，加快了宗教黑暗愚昧统治的终结，使得启蒙运动、文艺复兴及工业革命得以更早实现。

从某种意义上我们可以认为，欧洲成了我们四大发明的"代工厂"，而我们自己，则在农耕与游牧的"债务"议价中，努力维系并推动中华民族这个最大的血脉人类集团的统一，一直在法与儒的平衡中较量，没有顾及工业萌芽，导致四大发明失去了趁热打铁的成长机会。

终于，世界不允许我们在自己的低碳社会中徘徊了，西方那些得益于我们四大发明而进入工业社会的国家，野蛮粗暴地闯进了几乎一直封闭的中国，对这个曾经地球上最富饶的农业国家进行了肆无忌惮的掠夺和杀戮。而中华大地屡试不爽的文化熔炉也失灵了，它无法消化坚船利炮搭载的资本欲望，这个东方曾经辉煌的霸主，被强大的科技和工业碾压了，当高维的工业欺负低维的农业时，情况可以非常惨烈：那就是国家分裂，山河破碎，民族受辱，尊严尽失。

不过，任何事情都是物极必反，在工业资本强盗般闯进来的同时，也带进来了一种专治资本野蛮肆虐的"木马"，这就是马克思主义，这是一个针对强盗资本的天敌，或者说是一个致命的反杀武器，它黏附在西方列强的嗜血獠牙之上，也来到了中国。

马克思主义，是西方工业文明创造的一种伟大思想，但它虽然诞生于西方，却对东方的文明有很高的植入匹配度，就如同我们的四大发明也曾经非常契合西方社会一样。

马克思主义用工业社会的视野，打开了人类理想的高度，这个高度也极大提升了中华民族农业社会的家国情怀。可以说，马克思主义在中国的引进，是地球东西两大半球文明最有价值的碰撞，它就像一道闪电，划破了迷茫的东方大地，唤醒了一头沉睡几百年的亚洲巨龙，并且让这条巨龙看到了更遥远的天际。

中国的志士仁人，用马克思主义这个武器，融合民族的热血，经过无比艰辛、前赴后继的浴血奋斗，终于取得了争取国家尊严、独立、解放和自由的胜利！

在中华民族的奋斗历程中，我们的领袖、武装力量都奉行了最高的道德标准，也因此获得了前所未有的民众拥戴，而这，不仅仅是把国际先进思想所给予的启蒙和觉醒最大化，同时也有华夏文明自身孕育的，源自"尧舜禹汤"这样的上古英雄传承的道德底蕴的闪光。

全世界都在惊讶，中国这条东方巨龙突然就腾地而起，创造着一个又一个的发展奇迹，这或许就是对我们衍生长达几千年的血脉基因及民族大一统的最好回报，这种永远绑定在炎黄子孙们"基因"里的凝聚力，可以让我们万众一心，众志成城地在最短的时间里，追赶曾经丢失的与世界的差距。

中国以它独特的，非常适用自身文明优势的国家模式，正在进入现代高科技社会，科技的车轮在呼啸，民意的传递有了光电的翅膀，科学可以强有力地引领、纠偏和校正我们的前进方式，把公平、正义、民主更多的正能量展现在一个民族强势复兴的铿锵步伐之中，去探索一条从未走过，却前所未有的洒满阳光、理想丰满的道路。

一个能够让中华民族获得前所未有的繁荣、富强和尊严的制度，一定是当下最好的制度，可以说，我们此刻正在无比自豪地参与并且创造着中华民族最好的时代！

一个有着仁爱基因的民族，一定会努力成为世界上最和平而优质的文明驱动力。

环顾地球，回溯历史，辽阔的欧亚大陆在我们身后，壮美的太平洋在我们面前，我们在裂谷里孕育，在长河中延绵，我们一定不会辜负地球——这颗太阳系唯一的生命星球给予我们的厚爱。

图 250 飞向宇宙

中华民族已经开始拥抱大海星辰，我们的家国情怀将升华为更广义的人类情怀，去追逐宇宙灿烂的星光！